W0234273

E. Degreif ... lieber pirschen gehn

ERICH DEGREIF

... LIEBER PIRSCHEN GEHN

Verlag J. Neumann–Neudamm

Bildnachweis

Die beiden Aufnahmen auf der Bildseite 3 wurden dem DJZ-Archiv entnommen. Alle übrigen Abbildungen stellte uns der Verfasser zur Verfügung, bzw. Frau Anneliese Schubert.

CIP-Kurztitelaufnahme der Deutschen Bibliothek

Degreif, Erich:
... Lieber pirschen gehn / Erich Degreif. –
Melsungen; Berlin; Basel; Wien: Neumann-Neudamm, 1984.
ISBN 3-7888-0450-5

© Verlag J. Neumann-Neudamm KG., Melsungen, 1984

Alle Rechte, vor allem die der Übersetzung, des Nachdruckes, der Verwendung von Abbildungen, der Funk- und Fernsehübertragung, der fotomechanischen Wiedergabe oder der Kopie auf anderem Wege sowie der Speicherung in Datenverarbeitungsanlagen, bleiben, auch bei teilweiser Verwertung, vorbehalten. Bei Vervielfältigungsstücken nach § 54 UrhG ist an den Verlag die entsprechende Vergütung zu entrichten.

Die Lithos für den Bildteil lieferte die Firma Druck + Verlag in Kassel. Satz und Druck besorgte die Firma Silberdruck, Niestetal-Heiligenrode. Die Buchbinderarbeiten übernahm die Buchbinderei Willy Keller, Kleinlüder.

Der Buchtitel wurde unter Verwendung einer Aufnahme von Erich Marek gestaltet.

ISBN 3-7888-0450-5

Inhalt

Ansitz in der Nacht

Laue, wohltätige Sommernacht! Ruhespendend über Berg und Tal gebreitet, hütest du der Menschen erholsamen Schlaf! Mir, dem lauschenden Jäger, warst du stets ein guter Freund, und ich habe deine fast vollkommene Lautlosigkeit als ein Zeichen großer Güte empfunden, in deren Ruhe man sich in sicherem Gewahrsam wußte. Nun umgibst du mich wieder, erlöst von des Tages Unruh und Hast. Von fernen Straßen nur dringt ab und zu ein schwaches Zeichen verspäteten Lebens in meine einsame Stunde. Manchmal scheint es, als piepse schlaftrunken ein kleiner Vogel vor sich hin. Sonst aber ist alles still. Selbst das Schrecken der Rehe, das man zu solcher Zeit immer wieder in Abständen weithin vernehmen kann, bleibt heute aus. Weit hinter mir im fernen Dorf bellt ab und an ein Hund. Ich sitze hier an der Tannackerspitze und passe auf Sauen. Das Mondlicht liegt wie ein silbernes Linnen über den Wiesen und dem Ackerland. Feine Dunstschleier sind aus den Gräsern aufgestiegen und lecken den Hang vor mir hinauf. Drüben über dem Feld sieht man den Teichberg und den vorspringenden Zipfel des Buchen-Kiefernhochwaldes, der noch zum Rauhberg gehört. Dazwischen liegt der obere Teil der Rottwiesen und berührt mit einem querverlaufenden Weg das „Häuschen". Das ist der beliebte Wechsel für die Schwarzen, die im Weizen zu Schaden gehen. Dort unten in der für mich jetzt verborgenen Schlucht des Teichtals weiß ich unter den zwei breitausladenden Ahornbäumen und unter der riesigen, alten Hainbuche und der Eiche, die vielleicht schon zweihundert Jahre alt ist, den Teich in seiner nächtlichen Versunkenheit. Das Licht des Mondes wird nicht durch das dichte Baumlaub dort dringen, und das ist auch gut, denn der Teich liebt das Dunkel, das keinen Lichstrahl mag, selbst den des Mondes nicht. Er ist selbst bei Tage in sich gekehrt und liegt wie leblos zwischen den Bäumen, die wie ernste Hüter um seine blaugrüne Wasserfläche stehen. Und so ist es erst recht des Nachts, in der das Schweigen seine stumme Macht behauptet. So wird der Teich jetzt daliegen, wie ein blinkender Augapfel im Halbschlaf gegen den schweigsamen Himmel und vor sich hinträumend über all die Sagen und Geschichten, die von den Menschen so gern über solche Gewässer gesponnen werden. Er aber wird alles, was um ihn geschah, in sich gekehrt bewahren. Was Sumpf und mooriger Grund einmal in ihren schwarzen Händen halten, das geben sie niemals wieder heraus.

Meine Sinne gehen hinauf zur Hohen Straße, die das Feld zu meiner Rechten am Wald entlang begrenzt, eine alte Römerstraße, die den Rhein mit den Taunuskastellen am Limes verband. Im Nachdenken über vergangene Zeiten glaubt man so vieles aus dem Geflüster des Baumlaubs zu hören, und es gibt so manche Erscheinungen, die einem ungerufen begegnen. Es sind Begegnungen aus der Geschichte dieses Erdstrichs, geschichtsbeladen und bunt. Manchmal erscheint es wie das Geraune einer wunderlichen, längst vergangenen Sprache, nur blumenreicher als die Sprache der heutigen Zeit und melodischer in ihrem Ton. Sie füllte einst die Lieder des Minnesanges, Vers um Vers und Seite um Seite und klang aus geschwungenen Harfen, deren Holz mit goldfarbenem Glanz überzogen war.

Der lauernde Jäger vermag sich nicht abzuschirmen gegen solcherlei Stimmen, die aus den fächelnden Buchenblättern zu seinen Häupten träufeln wie ein gelinder, heilsamer Tau. Und er will es auch nicht! Seine Gedanken wandern über die Spitzen jener Fichten dort hinüber, die heute grau und gar nicht so schwarz wie sonst gegen das vom Sternenschimmer durchsetzte Himmelsrund stehen, weil sie des Mondes Licht sogar zart aufglänzen läßt. Gedanken in der Nacht sind schwer zu zügeln. Sie wandern noch über den nächsten Kamm, hinter dem die Wälder zum Rheintal hin abfallen und wo dort die letzten Mauerreste des Klosters Lorsch unter toten Rasenstücken liegen, wo in einer zur gegenwärtigen Stunde neu erwachten aber in Wirklichkeit doch längst entschwundenen Welt vielleicht das Lied von den Nibelungen niedergeschrieben wurde und wo man auch den Steinsarg mit dem Leichnam des Frankenkönigs Ludwigs des Deutschen fand, in verschossenen Purpur eingehüllt, der dann auf der Fahrt mit dem Schiff den Strom hinab zum Mainzer Dom auf so rätselhafte Weise verscholl.

Dieses Rheintal mit seiner bewegten Vergangenheit ist die westliche Grenze unseres schönen Odenwaldes. Ich muß es lieben, dieses waldreiche Land zwischen dem stolzen Fluß und Amorbachs spielerischem Barock. Ich muß es lieben in seiner fröhlichen Schönheit im nördlichen Teil und dessen leichtgeschwungenen Höhen. An den Lehnen liegen fruchtbare Felder mit goldenem Getreide, mit satten Rüben und saftigem Klee, Waldinseln und Gebüsch. Es gibt aber auch süßgrasige, abseits sich windende Wiesenstücke, eingesenkt in Dickicht und Hochwald. Hier sind die starken Böcke zu Hause, denn sie gedeihen gut im abwechslungsreichen Äsungsangebot.

Im Süden dagegen ziehen tiefeingefurchte Täler neckarwärts, von steilen Flanken begrenzt, deren Abhänge von weiten, weiten Dikkungen bedeckt sind. Rote Buntsandsteinerde leuchtet in lockeren Brüchen aus einem unendlich anmutenden Teppich von vielfarbigem Grün. Dort wechseln kapitale Hirsche über abgelegene Gestelle, und im Herbst hallt ihr brunftiger Schrei zwischen den Wänden. So setzt sich die Landschaft nach Osten zu fort bis in die Nähe des Maines in undurchdringliche Fichtenbestände, Dämmerlicht verbreitend unter enggeflochtenen Kronen, der letzten Auerhähne dieses Landes schützende Heimstatt.

Wie eine kleine Kostbarkeit auf grünem Samt ist eingebettet das altehrwürdige Michelstadt mit seinem berühmten Rathaus, das jeden entzücken muß, wenn er unversehens vor ihm steht. Dort hinter den Bergen, über denen jetzt der volle Mond strahlt, breiten sich die alten Dächer „Michlinstadts" um Einhards Basilika. So oft ich in ihrer Halle stehe, bewundere ich die mächtigen Eichenbalken der flachen Decke, die alle Kriegsläufte überdauern durften und die dem Menschen unserer Tage noch genauso vor Augen liegen, wie sie dereinst von wohlbeflissenen Händen bedachter Zimmerleute in aller Vorsicht auf die neuerrichteten Wände dieser Kirche niedergelegt worden sind.

So ziehen die Denkvorgänge dessen, der am nächtlichen Waldrand auf Sauen wartet, in seiner Phantasie ihre Kreise und verkürzen seine Zeit. Was den Jäger in dieser Nacht berührte, gehört ebenso zur Jagd wie die geduldige Geruhsamkeit, um die sich die sichtbaren Erlebnisse ranken. Und so sehe ich weiter hinaus aus meinem beschatteten Ansitz auf den matterhellen Weizen und horche, ob sich im alten Bodenlaub nicht etwas deutlicher hören läßt.

Drüben im Buchenaltholz beginnt es sich nämlich wirklich zu regen, entfernt erst, dann immer näher. Viele Läufe schieben den alten, welken Erdbelag und sein dürres Gezweig durcheinander. Das können nur Sauen sein. Mein Blick bohrt sich in den Schatten, den die Buchen des Waldrandes gerade noch als einen schwarzen Saum zu ihren Füßen werfen. Ein niedriger Körper, etwas größer als ein alter Waldhase, erscheint dort im Hellen auf der flachgetretenen Stelle im Weizenfeld und ist auch gleich darauf schon wieder im Dunkel untergetaucht. Ein zweiter, um ein weniges weiter unten, verhält sich ebenso. Aha, ich weiß, daß eine Bache ihre Rotte ganz junger Frischlinge da drüben entlangführt. Sie selbst bleibt im schützenden Wald, denn die alten, erfahrenen Sauen lieben das helle Mondlicht nicht. Wenn nur ein Überläufer die Rotte begleitete und dabei ein bißchen näher käme! Denn bis dort hinüber, das ist selbst in mondleuchtender Nacht für einen guten Schuß doch zu weit. So muß ich denn zusehen und zuhören, wie die Sauen den Waldsaum hinauf nach dem „Häuschen" ziehen, brechend und raschelnd, wie sie dann abbiegen nach dem Rauhberg zu, um im Nachbarlichen, vermutlich im „Hölzernen Loch" oder in der „Prärie" unterzutauchen. – Hätte ich wenigstens blind ins Holz geschossen und auf diese Weise die Bache mit ihren Gestreiften vergrämt, damit der Weizen in den nächsten Nächten Ruhe vor ihnen hätte! Denn zu welcher Stunde wird man mit ihnen oder mit ihren Vettern wieder einmal zusammentreffen? Gute Gedanken kommen oft zu spät.

Ein dunkler, hochläufiger Körper tritt aus der Frucht auf den Grasweg. Ist es der Bock, der hier oben am Rottwiesenrand abends und am frühen Morgen auswechselt und nur in den hohen Gräsern des Grenzweges äst? Bei Tag ist er so vorsichtig und geht ganz selten in die freie Wiese, so daß ein genaues Ansprechen nicht möglich war. Nur aus seinem Benehmen konnte man auf ein höheres Alter schließen. Vielleicht benähme er sich bei Nacht etwas vertrauter und käme meinem Ansitzplatz ganz nahe, denn der Wind steht gut. Jedoch das Stück dreht ab und äst sich von mir weg und verschwindet ganz allmählich wieder in den hohen Halmen. Schade!

Oberhalb von mir knistert es leise. Ein Schmalreh ist an den Waldrand gezogen. Es steht nicht weit von mir und äugt voller Behutsamkeit ins leere Feld. „Brauchst keine Angst zu haben vor mir! Mein Lauern gilt den klobigen Körpern, von denen ich noch mehr herbeisehne auf die lichten Stellen, die sie da geschaffen haben". Jedoch es kommen keine mehr. Mag sein, es waren einige, die vorhin am Himmelsberg ein Reh zum Schrecken brachten und sind dann scheu am schwarzen Loch des vermeintlich so grundlosen Teichs vorbeigewechselt, blasend und schmatzend in der Kühle seiner Randsuhlen, dann weiter in die Zangendickung hinein, in deren hohem Gras sie womöglich die halbe Nacht verbringen, und bis sie dann zum Weizen ziehen, scheint der Mond nicht mehr so grell, und der Mann mit dem Gewehr hat sich längst auf den Heimweg gemacht. Auf dem Nachhauseweg jedoch bin ich noch lange nicht. Ich möchte auf meinem Ansitz bleiben, allein mit dem Mond und mit meinen Gedanken.

Ringsum scheint alles wieder ohne Laut und ohne Leben. Kommt man sich deshalb vereinsamt vor? Alleinsein in der Dunkelheit muß nicht bedrückend sein. Man kann es in Stunden einer Mondnacht wie die wohltuende Nähe eines wohlgesinnten Verwandten empfinden.

Es ist überhaupt schwer zu beschreiben, was mich länger hier gefangen hält. Ist es die Erwartung auf ein anwechselndes Stück Wild? Ist es die Hoffnung auf einen Erfolg, zu dessen Erlebnis man schließlich ausgezogen ist in diese Nacht? Vielleicht ist es auch nur die vollen Sinnes erlebte Stimmung, von der man sich nicht losreißen mag, weil sie einem das Gefühl einer ungestörten Ruhe vermittelt, wie man sie in der Emsigkeit des Alltags doch nicht spürt. Man lehnt sich stärker an den großborkigen Kiefernstamm. Man sieht sich mitten in einem Kranz von Erinnerungen an diesen und jenen vergangenen, mit aller Liebe und Hingabe erlebten Tag. Sie alle steigen auf aus dem Schlaf einer verflossenen Zeit und werden in diesen Minuten nächtlichen Verweilens lebendig, so daß man die Gegenwart ganz vergißt, und so manches Vorübergegangene noch einmal nacherlebt wie in einem halbwachen Traum.

Was sagen sie denn, die Bäume dort auf dem Himmelsberg, an deren Saum ich einst eine versteckte Leiter schlug ins Astwerk einer wilden Kirsche? Auf ihr habe ich so manche unvergeßliche Stunde im Frühjahr gesessen, eingesponnen in den honigschweren Duft der nahen Blüten. Was erzählt mir das Wiesental dort unten, in das einst der Gespensterbock zur Äsung zog, dem ich so viele, viele Pirschgänge widmen mußte. Was erzählen die Schwarzdornhecken von meinen zahlreichen Ansitzen im Schutze ihres dichten Gestrüpps, während ich den neugierigen, rotrückigen Würgern zusah, die da nisteten? Morgen wird in aller Frühe der Graureiher auf dem Geländer des Mönchstegs am Fischteich sitzen und sich schwerfällig aufnehmen, weil der helle Tag ihn vertreibt, genauso wie er den mäusejagenden Fuchs zum Abspringen bringt und die Rehe zurücktreibt in ihr bergendes Unterholz.

Der Lebensraum der Tiere und auch das Feld des Jägers, sie werden mehr und mehr eingeengt. Unsere Pfade sind vielerorts wie von selbst zu Fluchtwegen geworden, auf denen wir die einsamen Oasen suchen. Dann muß sich der Mann im grünen Zeug in die ganz stillen Winkel seines Reviers verkriechen. Oh ja, er weiß auch hier und da die Stellen, in die der Lärm der Welt nicht dringt. Es sind deren zwar wenige, erst recht in der Nähe einer Stadt, aber es gibt sie trotzdem noch, eingeschmiegt etwa in eine kleine Kuhle, in einen ausgefahrenen Holzabfuhrweg in der Mitte einer Kleindickung, in der sich gerne die Sauen stecken oder einen Einschnitt, der von bürstendichten Jungfichten umsäumt ist oder eine junge Kultur, die aus halbwüchsigen Buchenrauschern herauswachsend den Rand eines alten Kahlschlags bedeckt.

Da wird er noch eine Zuflucht finden, aus deren Heimlichkeit er ausruhend in die helle Sonne blinzeln kann, ohne selbst gesehen zu werden. Ein verschwiegener Weg wird sich vor seiner Leiter auftun, und diese Leiter hat er sich selbst dort gezimmert, weil er von ihr aus am besten die Geißen beobachten kann, die im Halbschatten ihre Kitze entlangführen. Er weiß, wo unter überhängenden Vogelbeerzweigen die Röhren des großen Fuchsbaues münden und die der Dachse. Als er einmal so ganz ohne festen Plan querwaldein marschierte, hatte er eine kleine Blöße entdeckt, die auf einem schmalen Rücken zwischen zwei tiefen Flutgräben inmitten einer Dickung lag. Nur auf einer Seite reichte das Altholz an sie heran. Ich weiß noch, wie ich damals gebannt stehen blieb und über den Graben hinüber sah. Das war es ja, was ich schon lange im Grunde meines Herzens suchte, einen verborgenen Winkel im Wald, der so abseits aller Wege lag, um den sicher nur einige wenige Einheimische etwas wußten, vielleicht nur der Waldbesitzer selbst, den sonst aber keines fremden Menschen Fuß berührte. Es dauerte nicht lange, dann hatte ich an einer uralten Kiefer – ich glaube, es war die mächtigste im ganzen Bereich – einen kleinen Hochsitz gebaut, von dem aus man einen guten Einblick hatte auf dieses verschwiegene Paradies. In den halben Hang mußte ich mir mühsam einen Pirschpfad hacken in die schwere, mit Steinen und Wurzeln wild durchsetzte Erde, damit ich in guter Deckung zu meiner Kleinkanzel schleichen konnte. Wenn ich dann meinen Sitz erklettert hatte und von oben gut über allem Wind auf die Blöße in geruhsamer Entspannung hinabsah, dann fühlte ich mich befriedigt und frei von allem Zwang menschlicher Gesellschaft. Das war also eine Stelle, wo das Wild sich sicher fühlte, wo es tagsüber sorglos in der Sonne ruhen konnte und wo der alte Bock genug an Nahrung fand, um nicht so oft, am Tag jedenfalls nie, hinaus zu müssen aufs sonst so verlockende Feld.

Eine Filmkamera war mein liebster Begleiter, nicht das Gewehr. Um ihr metallisches Gehäuse hatte ich mir eine wattierte Hülle machen lassen, damit ihr Surren nicht allzu laut wäre. So saß ich denn oft auf meinem schmalen Bänkchen, das Objektiv auf eine schlanke Brüstung aufgestützt und fing das Leben meiner Rehe ein, ihr Vertrautsein, ihre Ungezwungenheit, ihren „Alltag". Ich sah die Kitze umeinander spielen, saß manchmal eine geschlagene Stunde, ohne daß man etwas von Wild bemerkte, bis eine der „Schmelvernspitzen" unruhig zu zucken begann und mir bedeutete, daß da irgendein Tier niedergetan sein mußte. Dann richtete sich plötzlich ein Reh aus seinem Lager auf, streckte sich aus, machte einen „Katzenbukkel", streckte sich wieder, ehe es den steilen Grabenhang hinabsprang, um links von mir in der Schwärze des Fichtenbestandes langsam zu verschwinden.

Oder es schob sich zur Abendstunde der starke Bock gemächlich die Lehne des Hanges auf ausgetretenem Wechsel hinauf, damit er hier auf der Blöße bis zum Anbruch der Dunkelheit noch ein wenig verhielte, ehe er hinauszog auf den Klee. Die schon milden Strahlen des niedergehenden Lichtes fielen noch durch die Stämme und ließen das Rot seiner Decke aufleuchten vor dem tiefgrünen Hintergrund von niederhängendem Nadelgezweig. Wie schön damals der breite Rücken des Bockes in der Abendsonne glänzte!

Das sind nur zwei von den vielen Begegnungen, die ich hatte mitten unter meinem Rehwild und wo ich mich gleichsam als einer der ihren zu fühlen vermochte. Geschossen habe ich als betrachtender und filmender Jäger von meiner Kanzel nie, denn dieser Platz echter Heimlichkeit war mir unantastbar. Er zählte zu den Kostbarkeiten des ganzen Reviers, die durch nichts beunruhigt werden durften. Ich suchte diese Stelle immer wieder einmal auf oder habe sie auf vielen meiner Pirschgänge wenigstens einmal berührt. Das Wissen um ihr Vorhandensein und meine Erlebnisse an ihr waren mir eine wertvolle Bestätigung der unterschwelligsten Sehnsucht des Menschen nach der Ruhe, in der er am deutlichsten Gottes Nähe zu spüren meint und in der er sich zum gedankenvollen Gespräch mit dessen wortloser Mitteilsamkeit veranlaßt sieht. – Der Schlag der fernen Dorfuhr bringt mich in die Wirklichkeit zurück. Ich glaube, die Sauen kommen nicht mehr. Die Nacht wird in der Spanne meines Wartens zusehends ermüdend und schwer. Ein greifbarer jagdlicher Erfolg war mir heute nicht beschieden. Trotzdem bin ich auch ohne Beute zufrieden und erfüllt. Bedächtig, um diese andachtsträchtige, nächtliche Stunde nicht zu stören, mache ich mich auf, klappe leise mein kleines Dreiecksitzchen zusammen und gehe langsamen Schrittes dem Dorf entgegen, zu seinen Menschen und zu seinem Schlaf.

Der verwunschene Prinz

Wenn eine Dickung, die mitten in einem Altholzbestand von Buchen und Kiefern liegt, den Namen „Dornröschenschloß" bekommt, so scheint solch ein Ausdruck von Lyrik nicht ins jägerische Handwerk zu passen. Trotzdem besteht dieser Ausdruck zu Recht. Ich weiß noch, wie vor Jahren an besagter Stelle ein frischer Kahlschlag war, bereits wieder neu eingepflanzt mit Lärchen und Fichten, durchflochten mit ganz jungen Brombeer-und Himbeerranken und an den Rändern mit Heckenrosen geradezu übersät, so daß man hätte meinen können, sie seien eigens zum Schmuck dieses Fleckchens gepflanzt. Dazu kam noch ein Anflug vor rotem Fingerhut, der in mehreren Placken die Blöße bedeckte. So entstand ein recht farbenfreudiges Bild, bis mit Hilfe fachmännischer Läuterung die jungen Nadelpflanzen als „Kultur" die Überhand gewannen und das niedere Gebüsch überwuchsen. Es blieb nicht aus, daß die Rosen im Lauf der Zeit im Schatten der sprossenden Bäume, zu denen sich auch noch recht wuchsfreudige Birken gesellten, immer kleiner und unbedeutender wurden und endlich fast ganz verkamen. Der Name der Dickung aber blieb, und sie hat ihn, wenn auch den jüngeren Jägern nicht mehr so geläufig, eigentlich noch heute. An ihrer Ostflanke schob sich ein anfangs dichtes Buchengehölz in den Hochwald hinein und machte im Hochsommer, wenn das Laub des frisch gepflanzten Waldes besonderen Schutz gegen Sicht bot, diesen Platz zu einem beliebten Einstand für die Sauen, die sich deshalb von Zeit zu Zeit mehrere Wochen lang als echtes Standwild behaupteten. Die Jahre aber nehmen ihren Fortgang und vieles ändert sich in dieser Zeit.

Nachdem der Buchenschlag durchforstet war, mußte man aus Gründen mangelnder Arbeitskräfte das geschlagene Holz liegen lassen. Das war uns Jägern gar nicht unlieb, denn so bildete sich in Bodennähe eine neue Art von Dickung, die dem Wild genügend Schutz bot und auch verhinderte, daß der ohnehin schon recht geräumige Hochwald allzu durchsichtig wurde. Die vielen Holunderbüsche in der „Nassen Platte" taten das ihre, um zusätzlich Unterschlupf zu gewähren, wenn auch kein festes, gewachsenes Nadelunterholz vorhanden war. Zwischen diesen Stellen nun und dem dichten Buchendickungsstreifen, der sich vom Waschenbacher Brünnchen rings um den Fuß des Rauhberges in breiter geschwungener Lehne wie ein grünes Band entlangzog, besonders aber in den Resten des Dornröschenschlosses, hatte der Bock seinen Einstand, dem ich nachging, nachdem er meiner Schätzung nach sechs Jahre alt war. Ein gutes Gehörn hatte er nie geschoben, nur war er im Körperbau so kräftig, daß er wohl als guter Nachwuchsbock langjähriger Schonung würdig war. Er war im Gebäude überaus stark und auffallend hochläufig. Diesem Bock wollte ich von da an mein Pirschen widmen. Es kam aber so, als hätte eine innere Stimme ihm das verraten. Mit einem Mal war er heimlich geworden. Ich sah ihn – wenn überhaupt – nur flüchtig. Er glitt wie ein roter Strich durch Hecken und Gebüsch, fast lautlos und ohne jemals zu schrecken. Man fand um seinen Einstand seine Plätz- und Fegestellen, sonst blieb er unsichtbar und war es dann drei lange Jahre. Es half kein Ansitzen in der Frühe oder am Abend, es half kein Pirschen. Hätte man nicht seine Zeichen gesehen, man konnte meinen, er habe sich verstellt oder läge irgendwo verendet, und Wind und Wetter hätten sein Gebein bereits verwittert. Aber immer wieder zeugten neue Fegestellen von seinem Dasein. Sonst lebte er in sonderbarer Verborgenheit in seinem Schloß wie ein verwunschener Prinz. In einem Fichtenbestand, der von einer kleinen Kuppe aus nach allen Seiten gut einzusehen war und der nach den letzten Wiesen des nahen Dorfes steil abfiel, von ihnen nur durch das eben erwähnte Buchenrauschergehölz getrennt, hatte ich mir einen festen Schirm gezimmert. Von ihm aus konnte man gut getarnt nach allen Seiten Ausschau halten, nach dem kleebestückten Weg an seiner unteren Kante, nach den Brombeerhecken, die zur Linken in den Buchenwald übergingen, und nach den Holunderstauden, die das Schlößchen des Prinzen begrenzten und an denen er gerne, wie man feststellen konnte, seinen Grind zu reiben pflegte.

Wie oft sah ich ihn im Geiste dort stehen, mit sich und seiner Lust am stillen Spiel beschäftigt, auf den Jäger nicht achtend und meinem, mich von aller Nachstellung erlösenden Schuß so nahe. Im Hochwald, der das Schlößchen umgab, befanden sich vereinzelte kahle Stellen, auf denen zartes Gras und allerlei sonstiges Grünzeug wuchs, darunter auch der von vielen Rehen so gerne angenommene Steinklee. Vielleicht bevorzugte der Bock in seiner zunehmenden Heimlichkeit gerade diese Plätze zur Äsung, damit er nicht mehr hinaus brauchte aus dem Wald. Man hatte diese Gewohnheiten ja schon des öfteren bei andern Böcken wahrnehmen können. Also zog ich von „Insel" zu „Insel" in der Hoffnung, den verwunschenen Prinzen zu sehen. Hinter einem gute Deckung gewährenden Holzstoß in der Nähe des Brünnchens verbrachte ich manche Zeit, weil mir ein dort eingelagertes winziges Wiesenstück mit einigen Randfichtchen am verlockendsten erschien. Diese kleinen Bäumchen, vermischt mit Adlerfarn, boten für einen äsenden Bock genügend Schutz. Sie waren, weil ihnen die hohen Buchen das Licht wegnahmen, niedrig geblieben und kümmerten so langsam vor sich hin. Aber auch dort traf ich den Bock nie an, bis mir dann frische Plätzstellen zeigten, daß er doch wieder einmal dagewesen sein mußte. Es ging, wie gesagt, schon in das dritte Jahr, daß ich ihm nachstellte. Würde ich je zum Ziel gelangen?

Zwei Begegnungen machten mir wieder Mut. Ermüdet von Ansitz und anschließender langer Pirsch, ging ich eines Tages gegen neun Uhr in der Früh den untersten Weg entlang, der die Talwiesen gegen den Buchenrauscherbestand begrenzte. Meine Gedanken standen nicht mehr nach der Jagd, ich freute mich an den vielen Vogelstimmen und sah den Eintagsfliegen zu, die in diesem oder jenem Sonnenstrahl unablässig auf und nieder tanzten, oder ich achtete auf die „Kleinen Füchse", die im Hochzeitsflug umeinander gaukelten. Ich dachte allerdings auch einmal an die Lärchendickung, die ich heute aus meiner Pirsch ausgelassen hatte, weil man einen Revierteil nicht nur leerschießen, sondern auch leerpirschen kann, wenn die Witterung des Jägers allzu oft an den Grasbüscheln der verträumten Gestelle hängt. Ich dachte dabei natürlich auch einmal an den Prinzen. Er wird jetzt wohl in seinem Schlößchen niedergetan sein und wird den Vormittag in dessen Schatten verdösen. – Da brauste er auch schon aus der Wiese heraus, überfiel den Weg und blieb auf halbem Hange stehen. Ich hatte ihn genau im Glas. Durch Haselnußzweige halb verdeckt, äugte er zu mir herunter und man merkte ihm an, daß er der Ursache der Störung, die ihn aus seinem zweiten Äsen vertrieben hatte, nicht sicher war. Hier unten im untersten Abschnitt des Bahlertstals hatte ich ihn eigentlich nicht vermutet. Was mochte ihn so weit von seinem Einstand hierher getrieben haben? Auf der Jagd gibt es so viele Überraschungen, sie begegnen uns auf unseren Wegen als willkommenes, schmückendes Beiwerk, das unsere Pfade durch die Einsamkeit ein wenig unterbricht. Sie lockern das Dahinträumen des Jägers auf und beleben wohltuend seinen Weg.

Wenn der Bock nur aushielte, bis ich, gebückt und von der Böschung einigermaßen gedeckt, jene Eiche dort erreichte. Nun denn, ich erreichte sie nicht. Der Bock machte eine kurze Flucht nach den Rauschern zu; ein paarmal noch sah ich auf der kleinen, vorgelagerten Kultur das Haupt mit den spärlich vereckten, typischen Stangen durch die hohen Gräser wippen, dann war er in Richtung auf sein Schloß hin verschwunden.

Jetzt hatte ich wieder Zeit, geruhsamen Schrittes weiterzugehen, fand mich wieder zurück in die sinnende Ruhe und fühlte mich wohl, durch den angebrochenen warmen Sommertag so fürbaß den Wiesenweg entlang zu schlendern, das Tal hinauf bis oben hin, wo es links zur Hütte ging und wo ich mich laben würde an einem kühlen Schluck Wein, der im erdumgebenen Kühlschrank auf mich wartete. Weit droben, wo das Tal beinahe zu Ende ging, sah ich einen roten Punkt über die Wiese trollen. Im Glase erkannte ich Freund Reineke, der da am Mausen war. Ich würde ihn wohl kaum erreichen. Hätte ich's gewollt? Viel lieber ließ ich die Büchse quergeschultert über dem Rücken, die Arme um Lauf und Kolben geschlungen und hörte dem Tauber zu, der wieder in den Fichten des Katzenecks rukste: „Was tust du, Lulu? Was tust du, Lulu? Was tust du, Lulu? – Nix!".

Was ist die von Wünschen befreite Gelassenheit doch so schön! Aufatmend ließ ich mich am Hüttenfreisitz nieder und trank, einen Schluck um den anderen, den vielen fernen Freunden zu. Warte nur, verwunschener Bock, ich bin dir nah, und ich werde in aller Ruhe wieder deine Wechsel kreuzen und bestimmt auf ihnen noch manche Begegnung mit dir haben! Dessen bin ich mir ganz gewiß. Es kommt nur darauf an, wer dann der Schnellere von uns beiden ist.

Tage und Wochen eines Jagdjahres können die verschiedensten Bilder bringen. In einem aber sind sie sich alle gleich: Es ist die vielleicht gar nicht so bewußt empfundene aber doch im Unterbewußtsein vorhandene Leidenschaft, mit der der Jäger sein Ziel verfolgt. Wo nähme er sonst die Beständigkeit her, einem Weg zu wiederholten und immer wieder neu begonnenen Unternehmungen nachzugehen, selbst dann, wenn ein Erfolg aussichtslos erscheinen wollte. Genauso erging es mir mit meinem Mühen um den verwunschenen Bock. Ach, was war im Laufe der Zeit aus der ehemals so blütenreichen Blöße mit all ihren Farben geworden! Als ich eines Morgens wieder einmal über die beiden Graswege ging und dem Schlangenpfad folgte, der seit kurzem mit frisch geschlagenen Windungen – daher sein neuer Name – sie beide verband, da mußte ich mich doch der vielen vergangenen Monde, ja Jahre erinnern, als es hier noch nach Honig roch und wo aufgereckte Königskerzen mit den sanft geneigten Stengeln des roten Fingerhutes um die Wette wuchsen und wo die vielen, vielen Heckenrosen die Bienen lockten und die Falter, und wo der Ruf des Pirols noch über ein Gewebe voller farbiger Tupfen schallte, als hätte der liebe Gott für sich selbst einen Strauß zurecht gesteckt. Nun war daraus eine graubraune, freudlose Dickung geworden, in einem Flechtwerk verdorrter Zweige verfilzt und mit braun-dürren, ehemals grünenden Rosenzweigenbogen durchzogen, denen von früher Pracht nichts anderes mehr übrig geblieben war als ein paar hurtige Zaunkönige, die durch das eintönige Einerlei surrten, zekkend ihre Umgebung zu warnen, daß wieder einmal ein Mensch, jedenfalls irgendetwas Böses, Fremdes oder Feindliches dahergeschlichen kam.

Es war am frühen Nachmittag so um die Faulzeit. Nichts regte sich ringsum. Es kam mir vor wie die Ruhe eines Kirchhofs am Abend, nachdem die Eisengittertür des Tores hinter dem letzten Freund eines Toten mit einem leisen Klirren ins Schloß gefallen ist. Da hörte ich's draußen am Rand der Dickung, wo das hohe, alte Buchenholz anfing, in kurzen Abständen laut im Laube rascheln. Das konnten dieses Mal keine Amseln sein, die sonst mit ähnlichem Geräusch nach Regenwürmern stocherten. Da war das Rascheln wieder, und eben wurde auch an niedrigen Zweigen herumgezerrt. Da plätzte und fegte ein Bock. Vielleicht würde er anschließend auf dem Grasweg mir entgegenkommen. Hier stand ich deckungsfrei da, ich konnte so nicht bleiben und mußte mich verdrücken. Und so schob ich mich an einer etwas freieren Stelle mit aller Vorsicht in das Dikkicht hinein, kroch auf seinem bräunlichen Nadelpolster weiter und legte mich hin, so daß ich den Weg da draußen noch im Auge hatte. Wie ein Wunder kam es mir vor, daß kein Zweig hörbar knickte, daß kein Ästchen unter mir zerbrochen war. Das Plätzen kam nun von einer Stelle, die ein wenig hangtiefer von mir zu liegen schien, dann war es wieder still. Kam nicht doch etwas im dichten Unterholz auf mich zu? Leise knisterte es in Bodennähe. Und mit einem Male war es da! Ein auffallend hohes Reh kam zwischen mir und dem Weg parallel herangezogen. Der Bock! Der Prinz! Ja, er war's. Und nun ging alles viel zu schnell. Ehe ich's versah, stand er höchstens fünf Meter von mir, verhoffte und äugte mich an. Aber nicht etwa den „Menschen", sondern das grüne Bündel dort am Boden, das sich nicht rührte. Ich konnte mich auch nicht mehr rühren, sondern lag wie gelähmt, das Glas zu meiner Linken, rechts von mir das Gewehr. So starrten wir uns an. Des Bockes Haupt ging in gewissen Abständen ruckartig hin und her. Seine Lichter standen wie zwei große schwarze Perlen im grauen Gesicht, groß, und wie in einem überraschten Erstaunen. Das bist du also, lange gesuchter, schon so lang ersehnter Bock! Auf diese wundersame Art müssen wir uns begegnen. Du kannst mit deinem zurückgesetzten Gehörn gewiß nicht prahlen, trotzdem wird es mir teuer sein an meiner Wand, wenn es eines Tages so weit sein wird. Ja, wenn! Zwischen uns beiden lag jetzt die ganze Breite, die den Menschen von anderen freien Geschöpfen Gottes trennt. Sie ist wie eine unsichtbare Schranke und macht uns gegenseitig unnahbar. Man spürt sie nicht nur bei der Lust, ein Geschöpf zu verfolgen, sondern man spürt sie auch in einer ganz bestimmten Art von Liebe, die uns letztlich wieder miteinander verbindet. So gegensätzlich das klingen mag in Zusammenhang mit meinem jagdlichen Eifer, aber in dem Augenblick, in dem wir uns so gegenüberstanden, der Bock und ich, da überkam mich doch das Gefühl einer gewissen nicht zu beschreibenden Zuneigung und das Bedürfnis da drinnen in der Brust, meinen Arm ausstrecken zu dürfen und hinlangen zu können zu jenem Haupt, das mir plötzlich so nahe gekommen war. In solchen Momenten versinkt hinter einem aller Trieb nach der Verfolgung, er läßt einen vergessen, wozu man eigentlich ausgezogen ist.

Wie schnell sind solche Sekunden vorbei! Man fühlt sich bewogen, ihren Ablauf lange anhalten zu können. Aber es ist einem nicht vergönnt. –

Der Bock, dem diese ganze Situation doch ein wenig bedrohlich erscheinen mochte, wandte sich kurz ab und floh mit vorgestrecktem Träger von mir fort. Nichts war zu sehen in dieser ziemlich verfilzten Dickung, nichts mehr war zu hören. Nicht ein einziges Schrekken tönte aus dem Wald, – in dem ich mich nun wieder allein sah. Ich war nun wieder der Jäger, der ein ganz bestimmtes Stück Wild verfolgte und den es, ob aller sein Gemüt berührenden Begegnungen, wie ich sie gerade hinter mir hatte, erneut hinauszog mit brennender Ungeduld und mit dem begreiflichen Begehren nach der Beute.

Wenn ein Bock wie er ein so weiträumiges Revier sein eigen nennt, so kann man zu gleicher Zeit nicht überall sein. Die Wechsel des Wildes und die Schleichwege des Jagenden ziehen da oft aneinander vorbei, oder sie kreuzen sich zu verschiedenen Tageszeiten. Allmählich begann sich meine Beharrlichkeit zu verlieren und in ein trauriges Resignieren überzugehen. Und eines Tages warf ich allen Ehrgeiz über Bord und bat den Jagdfreund Georg, sich doch einmal der Wiesen am Bienenhäuschen anzunehmen, ob nicht da unten im Tale, womöglich ganz in des Dorfes Nähe, der Bock zur Äsung austräte. Im stillen hatte ich zwar selbst nicht mehr daran geglaubt, denn allzu häufig waren meine Ansitze oben im Hang zwischen Wiesen und Schloß, wo ich ihm den Rückwechsel verlegen wollte, vergeblich gewesen. Aber sicher ist sicher. Vielleicht trat er doch dort unten aus und hatte sich geruhsam, dösend und wiederkauend in den Buchenrauschern niedergetan, während ich in meinem Schirm wartete und wartete. Aber sollte er wirklich so nahe an die Häuser kommen? Man mußte es aber dennoch in Erwägung ziehen. Und richtig, Freund Georg sagte eines Tages: „Ich glaube, ich habe gestern Ihren Bock gesehen. Er äst früh morgens wirklich am Bienenhaus. Aber viel Futter steht da nimmer!"

Am nächsten Morgen schon im ersten Dämmerlicht nach Waschenbach gefahren! Vorsichtige Pirsch zum bezeichneten Haus am Südrand des Dorfes. Dort stand ein halbzerfallenes Holzhaus, das früher einmal als Bienenstockhaus gedient hatte mit einem Anbau, der mit einer überdachten Veranda versehen war und nun unbenutzt einem Tag entgegengammelte, an dem es wohl vollends in sich zusammensänke. Unterhalb der Veranda sah ich vom Grasweg aus wirklich eine Geiß stehen. Oh je, wie käme ich den zwar kurzen aber steilen und mit allerlei Holz und Kleingeröll bedeckten Rain hinunter? Dort war die Tür, die in die Veranda führte, nicht weit davon aber stand die Geiß. „Nimm alle Kraft zusammen . . . ! Du mußt zur brüstungshohen Verandatür hinein!" Gedacht! Getan! Ich stand an der Tür und versuchte, sie leise zu öffnen. Sie gab nicht nach. Hinübergreifen! Da war ein eingerosteter Riegel, der aber gab ebenfalls nicht nach. Nur nicht mit Gewalt, sonst gibt es einen harten Schlag, und die Geiß ist davon und mit ihr – wenn er da ist – der Bock. Warum war es auch heute morgen so ruhig? Kein Windhauch wehte, kein Blätterrauschen stand meinen Bemühungen bei. Nun denn, ich hebelte mit dem Waidmesser in aller Behutsamkeit den Riegel zurück und drückte die Türe auf. Die Veranda lag voller Steine und

Stroh. Leise knarrten morschende Bretter unter meinem Fuß. Vorsichtig zur vorderen Brüstung und erst einmal ein wenig Umschau halten!

Die Geiß stand im hochgewachsenen Klee, der mit allerlei großblättrigem Unkraut durchsetzt war, so daß man das Wild bisweilen überhaupt nicht mehr sah. Auf dem Acker standen viele Obstbäume mit niedrigen Kronen. Sein Gelände fiel ein wenig ab und war dadurch schlecht überschaubar, fast überall waren die Apfelbaumblätter im Weg. Und doch! Links von jenem dicken Stamm! Leuchtete es nicht rot aus dem Klee heraus? Das Glas hoch! Gleichzeitig hob ein Bock sichernd sein Haupt. Es war der Prinz! Aber wie sehr war er im übergroßen Klee versteckt! In diesen waren viele Wicken hineingewachsen, die in bunten Ranken umeinander hingen. Heute aber war mir ihre schöne Buntheit gar nicht recht, weil sie fast den ganzen Bock verdeckte. Vereinzelte Stauden waren an manchen Stellen sogar höher als des Bockes Haupt. Ab und zu tat sich auch eine freiere Stelle auf. Ich mußte warten, bis der Bock auf einer von ihnen stünde. Langsam den Rucksack auf die stacheldrahtbewehrte Brüstung gelegt! Durchs Zielfernrohr sah ich hinunter auf den langsam vorwärts äsenden Bock. Gleich würden nahe Obstbaumäste Sicht und Schußlinie versperren. Dicht vor des Tieres Blatt standen einige Gräser, das dürfte einer TIG 10,5 nichts ausmachen. Jetzt, lieber Märchenprinz, wird uns die nächste Sekunde voneinander scheiden.

In die Frühe gellte der Schuß! Der Bock machte eine wilde Flucht schräg nach vorn, dann war vor lauter Obstbaumlaub nichts mehr zu sehen. Nur die Geiß rührte sich nicht. Das schien mir gut.

Der Jäger weiß, daß die nun folgenden Minuten des Wartens sich zu einer kleinen Ewigkeit dehnen. Dann ging es zum Anschuß hinunter. Wo lag denn der Bock? Kniehohes Futtereinerlei, fast hüfthohe Gräser standen da umeinander. Die Geiß sprang ab und ich – suchte den Bock, ging vor und zurück, wurde immer unruhiger, ging nochmals zur Veranda hinauf, merkte mir ganz genau die Stelle, wo der Bock stand, als ich schoß, ging wieder den Kleeacker hinunter und – sah vor mir eine Lache Schweiß. Nur den Bock fand ich nicht. Zwei Männer, die unten am Acker zu einem Frühspaziergang unterwegs waren, dankten nur mürrisch meinem Gruß. Ich durfte dem Bauern nicht weiter sein Futter zertrampeln.

Leider hatte ich keinen Hund dabei. Da mußte Hilmars Zoltan herbei, der zuverlässige Verlorenbringer und Schweißhund. Vom Anschuß aus drehte Zoltan langsam suchend an der langen Leine einen weiten Kreis, hob mit einem Male schnuppernd den Windfang hoch und tänzelte, ja tänzelte geradezu mit hoher Nase noch einige Meter voran und war am Bock. Der hatte sich in einer letzten Flucht unter einen tunnelartig aufgebauschten Klee-Wickenknäuel geschoben, als könnte er sich dadurch noch einmal dem Zugriff des Menschen entziehen.

Da hielt ich es nun in Händen, das Haupt, das ich vor einigen Tagen da oben in der Dickung am liebsten gestreichelt hätte und – ich streichelte es jetzt. Wollte ich es noch einmal zum Leben erwecken? Nein, ich wollte es nicht. Ich dachte an all die Mühen um diesen Prinzen, ich dachte auch an die jagdlichen Freuden, die immer mit einer Pirsch und einem Ansitz, auch wenn sie ohne Erfolg verlaufen, verbunden sind. Ich gedachte all der Mischung von Zweifel und Geduld, von Trotz und Aufbegehren, von Einsatz und letztlich auch von der Freude, die alle Jagdtage auf ihn begleitete. Den leider so früh geweckten Kameraden Hilmar und seinen so sicheren, zuverlässigen Zoltan brachte ich ins Dorf zurück und fuhr mit dem toten Bock zur Hütte hinaus. In ihrer Nähe tat ich die nötige Arbeit und saß noch lange und ein wenig versonnen vor einem Becher Wein auf unserem geliebten Freisitz.

Nun war auch diese Jagd auf den alten, wohl zehnjährigen Bock vorbei. Sie hatte mir viel, sie hatte mir unendlich viel gebracht. Ich dachte auch an jenen fernen Toten, den Hermann Löns dort in der Heide unter dem grauen Stein und an seinen Vers, den er nach erfolgreicher Jagd auf seinen „Schwarzen im Jammertal" einst niederschrieb. Ich könnte es abwandeln, auf den, der nun drüben an der Jungbuche hing, dieweil die letzten Tropfen Schweiß zu Boden rannen:

> Drei Jahr gepürscht ist lang genug,
> sauer verdient ist dieser Bruch,
> mein Prinz vom Rosenschloß!

Zwischen Reben und Feldern

Die Nebelfrauen flogen über das Rheintal, hierhin und dorthin. Sie woben ihre dichten Schleier über das ganze Land und hüllten den Strom in ihr dichtes Gespinst. Und damit nicht genug. Bis in die Buchten der Odenwaldtäler stießen sie vor und versuchten auch hier ihr feuchtes Werk. Die Höhen rings um unsere Wälder jedoch wehrten sich mit Macht gegen sie und reckten ihr Haupt trotzig über das Wattemeer, der wärmenden Sonne entgegen. Mit recht zwiespältigen Gedanken und Befürchtungen fährt man dann dem Rhein entgegen. Die Fähren über den Fluß waren indes noch nicht eingestellt. Ich stand am breiten Bug des Schiffes und hörte, wie das Wasser dumpf unter seinem waagerechten, breiten Schnabel gluckerte. Allmählich schien es, als hellte sich das trübe Wetter doch noch auf und läge nicht mehr so schwer über Rheinhessens Hügelland. Hier und da hatte die Sonne schon Gewalt bekommen. Der Himmel lichtete sich. Man sah seine erste zaghafte Bläue, und es dauerte nicht mehr lange, bis die Weite jenseits des Rheins in der leuchtenden Schönheit eines Herbsttages dalag und uns fahrende Jäger zu allen Hoffnungen berechtigte. Die Nacht war recht kalt und hatte dicken Reif über Äste und Zweige unserer heimatlichen Wälder gelegt, und auch hier in der sonst so spürbar wärmeren Gegend standen die Obstbäume noch überzuckert da, auf den Wiesen lag noch eine dünne Schicht von schmelzendem Weiß. Nur von den Blättern der Weinberge waren die winterlichen Vorboten verschwunden. Über den weithin gestreckten Hängen lag ein bunt gemusterter Teppich, je nach Art der Rebsorten gefärbt von hellgelblichem Grün über alle Möglichkeiten seiner Tönung bis hin zum Rot der Portugieserstöcke oder gar bis zur Bräune bereits kahlgefegter, entlaubter Zeilen, deren Blätter die Macht des nahenden Winters schon zu spüren bekommen hatten.

Im Odenwald war das Schreien der Hirsche verstummt, die Brunft war vorüber. Mit den Geißen hatte es noch ein wenig Zeit. Wir wollten heute einmal auf Fasanen gehen, die in den Weinbergen in diesem Jahr besonders zahlreich waren. Es sollte eine kleine Jagd geben, es sollten auch keine Hasen geschossen werden. Unsere Jagd galt ausschließlich den rotbraunen Vögeln. Zu fünft oder eventuell auch zu siebt wollten wir die Wingerte ablaufen, wollten uns hin und wieder Fasanen zutreiben, bis sie gockernd aufstiegen und schußgerecht vor uns vorüberstrichen.

Wir trafen uns mit drei rheinhessischen Jägern als deren Gäste in ihrer Jagdhütte, die in einem geschwungenen Hang inmitten von Weinbergen in der Gewann „Im Loch" gelegen war und von wo man einen herrlichen Blick ins Selztal hatte.

Die Täler Rheinhessens sind mit denen des Odenwaldes nicht zu vergleichen. Das liegt an ihrem verschiedenen geologischen Aufbau. Vor Jahrmillionen dehnte sich hier ein großes Meer aus, von dessen Vorhandensein noch heute Haifischzähne zeugen, die ab und zu im Flonheimer Sand gefunden werden. Als sich das Wasser verzog, blieben kilometerbreite Rinnen zurück, die zwischen gemarkungsgroßen Hochplateaus verlaufen, an deren leichtgeneigte Abhänge sich die Weinberge schmiegen. Die Talsohlen werden von ausgedehnten Wiesen bedeckt. Kopfweiden und Pappeln begleiten mannigfache Abzugsgräben und auch ein kleines Flüßchen, das träge und bedächtig, stellenweise sogar scheinbar stehend ohne besonderes Gefälle langsam dahinfließt. Das alles: weites Wiesental, Ackerflur, Rebgelände, Hochplateau in ihrer Gesamtheit geben dieser Landschaft einen Eindruck von Großzügigkeit, dessen Bild sich auch der Jäger aus den Bergen nicht verschließen kann, der daheim gewöhnt ist, von „hohem Geländ" auf schmale, typisch romantische, lebhaft sich windende Gründe hinabzuschauen. –

Der Nebel hatte sich inzwischen endgültig zurückgezogen, die Sonne hatte ihn zur Erde gedrückt, und auch der Reif war von den Bäumen verschwunden. Was darunter hervorgekommen war, glänzte an den sanften Hängen, an denen der gute Wein wächst und der nun in buntem Farbengemisch seinen ganzen Zauber herbstlich leuchten ließ.

Wir begaben uns „auf den Berg", den Mittelpunkt des Reviers, der zugleich sein höchster ist. Von hier aus, wo das inzwischen schon alte Wasserhaus aus gehauenem, gelbgrauen Sandstein steht – es sind Verteilungsstellen, wie man sie in rheinhessischen Landen oft antrifft – von hier aus also war das Revier nach allen Seiten gut anzugehen. Dieses Wasserhaus hatte für mich eine erinnerungswerte Be-

25

deutung. Es kam mir als Kind immer wie ein Überbleibsel einer alten Märchenburg vor. Auf dem Erdaufwurf, aus dem Mauern hervorsahen, standen dichte Schwarzdornhecken, mit wilden Rosen vermischt. Da und dort wuchs auch ein Holunderstrauch. Das erweckte in dem Bubenherzen den Glauben, hier müsse ein altes verwunschenes Schloß stehen, viel kleiner zwar, als es der Vorstellung eines echten Schlosses in den Grimm'schen Märchen entsprach, aber doch so schön und auch geheimnisvoll und ringsum mit Heckenblüten geschmückt, unter denen gar wohl ein kleines Feenreich in der kindlichen Phantasie vor sich hinzuschlafen imstande wäre.

Gleich neben dem Wasserhaus befand sich ein kleiner Wassertümpel, ebenfalls von dichten Hecken umstanden, zu dem ein schmaler Pfad hinunterführte. Wenn man dann ganz still am Rande des dunklen Wassers saß, konnte man allerlei Getier beobachten, Frösche und Kröten und Lurche und auch gewöhnliche Mäuse, die auf ausgetretenen Pfädchen von einem Erdloch ins andere liefen. Damals gab es überhaupt noch keine Fasanen im Weinbergrevier. Sie hätten an dieser Stelle von spärlichem Schilfgras und Hecken ein herrliches Zuhause gehabt. Und heute, wo es anderwärts in den Wingerten, in denen es von den farbenfrohen, stolzen Vögeln nur so wimmelte, heute ist von der alten Naturschönheit nichts übrig geblieben. Die Hecken sind schütter geworden, das Wasser ist in den heißen Sommern völlig vertrocknet, an seinen Rändern häuft sich angefahrener Bauschutt, und wo früher die ungekrönten Kröten saßen, liegen Blechdosen herum und Schachteln aller Art, manchmal mit Zigarettenreklamen überklebt. So ändert sich manches im Anblick der Welt. – In diesem Revier war ich wiederholt auf Hasenjagd. Wenn in der Ebene im übersichtlichen Gelände große Kessel gebildet werden, in denen man die Hasen zusammentreibt, so wird daraus nichts anderes als ein „Sich-satt-schießen" am lebenden Objekt. Bei einer großen Zahl von Schützen hat der Hase, je enger der Kessel zusammenschrumpft, wenig Chancen zum Überleben. Der Tod in der Schrotgarbe ist den meisten von ihnen vorbestimmt wie dem spanischen Stier in der Arena die Klinge.

Im hügeligen Rebgelände dagegen, wo Meister Lampe sich von Rebenzeile zu Rebenzeile schleicht, wo er sich drücken kann, bis die Treiber an ihm vorbeigelaufen sind, da ist das Erlebnis einer Hasenjagd viel schöner. Man muß höllisch aufpassen, und wenn man den hellbraunen, graugelben Gesellen vorsichtig einen Weinberg durchqueren sieht, dann gilt es, seinen Wechsel in den Gassen zwischen den Zeilen abzupassen, um endlich einen schnellen, aber auch möglichst sicheren Schuß anbringen zu können. Von dieser Art Jagd fühlt man sich befriedigt und trägt zufrieden seine Beute zum Wingertsweg, wo sie dann vom Hasenwagen aufgenommen wird. Um die Mittagszeit wird „Rendezvous" gehalten, „Stelldichein", ein sprachliches Überbleibsel aus der Zeit, als das linke Rheinufer unter Napoleon vorübergehend französisch war. Flackerfeuer, Ausgabe reichlicher Atzung und Glühwein gehören dazu. Die Hörner erschallen und rufen die Jäger herbei. Die Waffen werden an den Zaun des Wasserhauses gehängt, die Hunde winseln aufgeregt und schnappen hörbar nach hingeworfenen Wurststücken. Der Glühwein wärmt auf! Jüngste Erfahrungen, die kleinsten Erlebnisse werden ausgetauscht. Eine Stimmung für sich. Im Gegensatz hierzu verlief der heutige Tag viel ruhiger.

Die Fasanen verhielten sich aber gar nicht so, wie wir uns das anfänglich vorgestellt hatten. Der kräftige Wind trug auch ein großes Stück Schuld daran, denn die Fasanen blieben dieses Mal gern lange am Boden und liefen erst einmal eine große Strecke zwischen den Rebzeilen von uns fort. Und wenn sie sich dann endlich aufhoben und die Höhe eines Weinstockes erreicht hatten, warfen sie sich in den Wind und strichen davon. Oft sahen wir sie in den Rebengassen herdenweise dahinrennen. Und wenn sie sich erhoben, war es für einen Schuß zu weit.

Um einen Kessel zu bilden, waren wir zu wenig Schützen, und auch nicht jeder Fasan, der beschossen wurde, fiel zu Boden. Es war nicht zu leugnen: Schlecht wurde geschossen an diesem Morgen. Man mußte sich trösten, mit dem, was ein Rundblick in die Landschaft bot über die in ihrer Eigenart, erst recht in der Herbstfärbung so schönen Gegend, – auch wenn sie nicht von Wäldern bedeckt war. Man konnte heute das Selztal hinuntersehen bis dorthin, wo es am Rhein endet, und wo die imposanten Taunusberge wie eine bläuliche Schranke Einhalt gebieten.

Nach manchen vergeblichen Versuchen, eine einigermaßen gute Strecke zustande zu bringen, so wie es der Mühe unseres Einsatzes

entsprochen hätte – die Fasanen „hielten" einfach nicht – vertröste-
ten wir uns auf den Nachmittag, nahmen aber vorher noch einige
rebstockfreie Gewannen mit, „Wuscht", das heißt wohl „Wüste"
genannt, auf denen nichts steht als ganz vereinzelte schwarze, knorrige Weinstöcke, dazwischen aber Dornenzeug und hohes, seit Jahren nicht mehr durchkultiviertes Gras. Hier schieben sich oft Kar-
nickel ein, die im sandigen Lößboden gute Voraussetzung für ihre
Röhren finden. Beim Überqueren solcher kleinen Gewannen konnten wir nun so recht sehen, was uns Jäger des Waldes von denen der
Ebene unterscheidet. Sind wir doch mehr darauf eingestellt, einem
hochläufigen Stück Wild eine gute Kugel anzutragen, sich Zeit zu
nehmen, um das Absehen des Fernrohres ruhig ins Ziel zu bringen.
Ganz anders hier im freien Feld. Da geht es oft um eilige Schnapp-
schüsse, in deren Schroten das betreffende niedrige Wild fallen muß.
Auch unsere Gastgeber setzten uns heute in nicht geringes Erstaunen, wenn sie eilig über eine der eben beschriebenen im zusammen-
hängenden Weinberggelände hie und da eingefügte kleine Wüstenei-
en marschierten, ein Kaninchen aus der Sasse traten und, ehe man's
versah, mit einem sauberen Schuß solch einen der grauen Flitzer nie-
derstreckten. Die Treffsicherheit dieser geübten Flintenschützen ist
erstaunlich.
Als Rest eines langgestreckten Waldstückes sind in dieser Flur drei
jetzt voneinander getrennte, in den Hang der Weinberge eingebette-
te Stücke übriggeblieben, für einen Rehwildeinstand leider etwas
klein. Überall sind sie von Weinstöcken begrenzt. Die Fasanenstrecke war hier etwas besser als am Morgen. Wenn man sich am
Waldrand aufstellte und von zwei Mitjägern die Hähne hochjagen
ließ, dann mußten sie, ehe sie den Wald erreichten, ihren Flug ein
wenig abbremsen. Dann waren sie auch „vorne nicht so schnell und
hinten nicht so kurz". Und so ging auf recht vergnügliche Weise der
Vormittag schnell vorüber.
Zur Mittagspause sind wir dann wieder zur Hütte gegangen. Ich
stand nun auf der kleinen, ihr vorgelagerten Terrasse, die Arme ausruhend auf der Brüstung ihres Geländers aufgestützt und schaute ins
Land hinaus über geschichtsträchtigen Boden hinunter zum „Alten
Kirchhof", zu dem wir später hinwollten.
Dieser Alte Kirchhof ist ein aus dem ebenen Feld unversehens auf-
steigender Ringwall aus lockerem Erdreich. Man sieht es ihm an,

daß er von Menschenhand aufgeschüttet ist. Dieser Wall umgab in alter, man kann schon sagen in uralter Zeit die erste christliche Begräbnisstelle dieses ganzen Gebietes, über das jetzt zahlreiche Dörfer verstreut liegen. Sternförmig laufen noch heute frühgeschichtliche Feldwege hier zusammen, „die Trift", „der Straßenweg", „der Bubenheimerweg", „die Graser", um nur einige zu nennen. Und wenn sich auch das letzte Stück ihres Verlaufs, in später geometrisch veränderter Form verwandelt, ein wenig verlor, so zeugen doch heute diese weiten auf einen Flecken zulaufenden Überlandwege von der Zeit, da die ersten christlichen Gemeinden ihre Toten durch das sonst noch heidnisch durchsetzte Land hierher trugen, um sie an geweihter Stätte zur letzten Ruhe zu betten. Der ansehnlich hohe Erdaufwurf ist heute in gewissen Abständen mit hochstämmigen Effen bewachsen. Sie werden von allerlei Strauchwerk, Haselnuß und Schwarzdornhecken verbunden. An einer Stelle im Westen ist der hohe Erdwall durchbrochen, so daß man ins Innere seines Rundes hineinsehen kann. Man glaubt, in einer grasbewachsenen Arena zu stehen. Meine Großeltern hatten diese Wiese – noch heute zum Pfarrgut gehörig – zur Nutzung der Heuernte zu ihrer Landwirtschaft hinzugepachtet. Deshalb hatte ich als Kind öfter Anlaß, diese auf mein junges Gemüt schon damals eigenartig wirkende Anlage zu bestaunen. Am Ostende des Friedhofs befindet sich eine kleine, rechteckige Vertiefung. Hier soll einmal die Kirche mit Namen Sankt Peter gestanden haben, so sagt es die mündliche Überlieferung, die sich von Geschlecht zu Geschlecht fortpflanzte. In ihrem Turm sollen drei silberne Glocken gehangen haben – Glocken sind immer ein beliebtes Objekt für Märchen und Sagen. Sie sollen, als der Dreißigjährige Krieg auch unser Land überzog, eines Nachts von Engeln auf die Rheinischen Erzbistümer verteilt worden sein, eine nach Köln, eine nach Trier, und eine in die Umgebung von Mainz, und dort lägen sie verborgen noch heute. In den Rauhnächten könne man sie mitunter geheimnisvoll ganz hell und leise läuten hören, aber das sei nur wenigen bestimmt.

Ist es ein Wunder, daß solche Sagen die begeisterungsfähige Denkungsart eines jungen Menschen ungeheuer zu beleben vermochten? Nicht ein einziger Stein ist von all dem sichtbar geblieben. Vielleicht liegt noch vieles unter der Grasnarbe vor sich hindämmernd verborgen und träumt von Tod und Pestilenz und Sterbegeläut, während über ihm allerlei bunte Falter in der hellen Sonne ihr fröhliches Gaukelspiel treiben. Zwischen dem Friedhof und dem Hang, an dem die Jagdhütte liegt, war vor grauen Zeiten allmählich ein Dorf entstanden, „Heddesheim im Loch" genannt, an einer Stelle, die heute noch den Flurnamen „Das Altdorf" trägt. Auch dieses Dorf ist in jenem so verhängnisvollen Krieg in Schutt und Asche gesunken, und der Rest der Bewohner erbaute auf herrschaftlichen Befehl um eine nahe Burg herum ihre Unterkünfte. Diese Burg – es muß eine ansehnliche Anlage gewesen sein – auf einem nicht besonders hohen Hügel, mitten im Selztal beherrschend gelegen, war Eigentum derer von Katzenellenbogen (wo ist in rheinischen Landen eine Burg, die nicht zur Familie Katzenellenbogen gehörte?). Einige Gebäude waren den Leiningern zu eigen. Sie war, wie schon gesagt, eine weiträumige Anlage, Stadeck mit Namen, von der das neue Dorf den Namen Stadecken bekam. Die Burg war so groß, daß später immerhin drei Bauernhöfe und das alte Schulhaus sich darin teilen konnten. Das unterste Stück des Bergfrieds ist noch erhalten, ebenso drei Balkonstützen, die sich in einer Ruinenmauer befinden, wo ehemals der Pallas lag. Sie sind die einzigen Reste „von längst verschwundener Pracht".

Diese kleine Abschweifung in den Raum der Geschichte mag man mir nicht verübeln, wenn ich von der Jagd im Gebiet des Alten Friedhofs erzähle. Da unten lag er nun, stumm und doch so beredt in seiner reinen Existenz. Er kam einem vor in seinem dunklen Effenkranz, wie eine dunkle Titankrone, die dieser einmal achtlos fallen ließ und nicht mehr die Mühe fand, sie wieder aufzuheben. Und so blieb sie eben liegen bis zum heutigen Tag.

Nun aber sollte es hinunter gehen, wo wir noch viele Fasanen anzutreffen hofften. Wir überquerten den Vierzigmorgen-Weg, und ich näherte mich dem Dornengestrüpp, nicht ohne einen leisen Zug nostalgischer Beklommenheit. Von Westen her stand weiter die heftige Brise über dem Land. Das Laub zitterte in den schmalen aufgeschossenen Bäumen, und über dem Friedhof lag ein einziges gleichmäßiges Rauschen. Bald dürfte es lauter zugehen im Aufballern unserer Flinten, und das würde den ruhigen Schlaf der vielen Toten wohl zerreißen, die da lagen. Wir verteilten uns also um das Oval des großen Aufwurfs, wobei ich mir eine Stelle an seinem südwestlichen Ende aussuchte. Ich überlegte mir: Wenn die Fasanen aufsteigen, werden sie es am besten gegen Westen tun, um erst einmal, wie die großen Flugzeuge unserer Tage, richtig tragende Luft unter ihre Schwingen zu bringen. Dann werden sie im Wind nach Osten umschwingen, damit sie vom pfeifenden Westwind angetrieben pfeilschnell nach Osten entkommen können. Aber gerade dieses Umschwenken wird Zeit kosten, wertvolle Zeit, denn das ist just der Augenblick, wo die Hähne in der Luft erst einmal stille stehen, ehe sie die neue angestrebte Fluchtrichtung annehmen. Um diesen Augenblick aber war mir's zu tun. Es kam denn auch, wie ich's gedacht. Kaum hatten wir die Hunde geschnallt, die sich stöbernd im Unterholz verloren, da klang auch schon von verschiedenen Seiten das „Gock, Gock, Gock" der aufsteigenden Fasanen, und nun knallte es auch überall herum aus allen unseren Rohren. Die Hähne aber, die über meinen Stand zu streichen gedachten, sie wendeten gerade über mir und fielen alle in meinem Schuß herunter. Einmal um sich selber drehend, von ihrem eigenen Federkleid umwirbelt, schlugen sie dumpf auf den Boden, indessen spärlicher Flaum, vom Winde fortgeblasen, in tänzelndem Fluge niederging.

Fasanen sind schöne Vögel! Das prächtig schimmernde Federkleid des Halses über dem weißen Kragen! Und endlich der letzte große Tropfen Schweiß aus dem geschwungenen Schnabel! Ich hob einen jeden mit einer Mischung aus Freude und Nachdenklichkeit auf. Ich konnte es auch nicht unterlassen, einem jeden in stiller Bewunderung über sein herrliches Gefieder zu streichen, ehe ich ihn an meine Seite hing. Weiches Jägerherz in harter Schale?

Wir konnten mit dieser letzten Fasanenstrecke wirklich zufrieden sein. Ein jeder von uns trug vier oder fünf „Gockel" mit sich. Ich selber ging gedankenvoll froh über den Boden meiner Jugend der Hütte entgegen. Von ihrer Terrasse warfen wir noch einmal einen Blick auf diese zu allen Tages- und Jagdzeiten auf ihre eigene Art so stimmungsvolle Ecke des Reviers. Über den niedrigen rheinhessischen Hügeln war die Sonne allmählich am Untergehen. Vom Dorf her hörten wir das Feierabendläuten. Es war, als setzte es ein letztes Zeichen, denn die Dämmerung brach schneller, als es uns lieb war, herein und löschte wie immer die bunten Farben des Tages wieder aus.

Sie konnte uns aber nicht verwehren, diese Buntheit und den Eindruck des ganzen Tages als eine liebenswerte Erinnerung mit in den rauhen Odenwald zu nehmen.

Diese Erinnerung enthält für den Unbefangenen eigentlich nicht viel von einem abwechslungsreichen Jagdverlauf. Dem reinen Waldjäger erscheint so ein Tag vielleicht wie ein eintöniges Schießen, das nur dazu angetan ist, seine Reaktionsfähigkeit zu prüfen. Er denkt an seine schattigen Wege durch die grünen Bestände und an seine langsame Pirsch, auf der man den ganzen Zauber verschwiegener Wälder erlebt. Aber wenn er solche Stunden, wie sie uns vergönnt waren, genau überdenkt, so kann er gerade in ihrem Unterschied zu Ansitz und Pirsch ihren eigenen Reiz erkennen. Es ist dies vor allem die gelöste Bewegung im weiten Gefild. Er empfindet noch nachträglich, wie wohl es ihm tat, sich einmal auslaufen zu können, ohne Rücksicht auf Sicht und Geräusch. Sein Herz spürt eine eigene Art von Freiheit. Vor seinem Auge sind noch deutlich die Bewegungsbilder des niederen Wildes, des klugen Hasen, wie er in einer Mischung von Verhalten und Eile durch die Weinberge flüchtet, und des braunschillernden, streichenden Fasans. Da kommen in lautlosem Flug die kleinen, seidigen Hennen an in eulenähnlicher Geräuschlosigkeit. Dort sieht man das hastige Aufflattern der Hähne, von glucksenden Kehllauten begleitet. Man bewundert die zunehmende Geschwindigkeit mit den dreieckig anmutenden Schwingen und verfolgt gebannt ihr Streichen, wenn es in ein rasantes Dahingleiten übergegangen ist in unverkennbarer Silhouette, in der man je nach der Entfernung womöglich noch einen Schimmer des vielfarbigen Federkleides sehen kann, auslaufend in den langen, langen Stoß. Die Eleganz des Fasanengleitfluges über herbstlichem Weinberg ist unvergeßlich.

Dann heißt es: anbacken, mitschwingen, vorhalten, treffen! Da fliegt die weiße „Hasenwolle", da wirbelt es durch die Luft in hauchzartem Daunenspiel. Noch im erlegten Tier pulsiert ein Stück seiner Hast. Man trägt die leichte Beute geruhsam zum Treffpunkt zurück und wirft dabei einen Blick in das weit geöffnete Land. Auf den enggedrängten Dächern seiner Haufendörfer glänzt ein Widerschein von Sonne, der hochgestreckte Finger spitzer Kirchtürme steigt aus ihrer Mitte auf, heckenbestandene Wege zeichnen schräge Linien an den Lößbodenhängen entlang.

Die Morgensonne vergoldet den Wald an der „Kühruhe" ▶

▲ *Neugierig äugt der junge Bock*

▲ *Hat es da hinten geraschelt?*

▼ *In der Sasse*

▼ *Gleich wird er „krähen"*

Als der liebe Gott die Erde erschuf, wartete er, bis es Herbst war, dann schüttete er den Rest seiner ganzen farbigen Palette vom Himmel auf das Land im großen Rheinbogen herab. –
Das ist's, was man eräugt und erlebt an einem Jagdtag zwischen Reben und Feldern.

Jagdhüttentage

Es war an einem schwülen Sommerabend. Der Tag war heiß gewesen, und die Sonne hatte ihre Güte in Unbarmherzigkeit verwandelt, eine Unbarmherzigkeit, die in gebündelten Hitzestrahlen die Erde sengte. Im Bahlerts lag das Gras in schweren Schwaden übereinander. Rauhe Gewitter der letzten Wochen hatten die Heumahd verzögert, und auch heute donnerte es hinter den Bergen. Die Luft stand trocken über den Wiesen und machte den Flug der Schmetterlinge übermütig und das Gesumm der Insekten kräftiger.
Ich hatte in den Nachmittagsstunden schon im Tal gesessen, dort, wo sich eine Schwarzdornhecke wie ein Sporn nach vorne schob, ob nicht etwa „das Flammenschwert" aus dem Gras hoch würde oder in drangvoller Vorbrunft einen der jungen Böcke über die Wiesen triebe, aber es war nichts zu sehen außer ein paar Geißen, die wohl irgendwo im Gräserdschungel ihre Kitze liegen hatten.
Die Gewitter in der Umgebung ließen einen Aufenthalt in Hüttennähe ratsam erscheinen, wie schnell hatte sich auch der Himmel über mir geschlossen, die Schwalben wurden unruhig und flogen zwitschernd allmählich immer höher.
Der späte Himmel bekam ein fahles Licht, und die Dämmerung rückte ihm langsam nach. Die ersten Wetterböen fegten durch die Kronen und fetzten locker sitzendes Laub von trockenen Stengeln und rissen dürres, dünnes Zeug mit sich fort. Morsche Aststümpfe schlugen dumpf auf dem Waldboden auf, und die Vögel verstummten plötzlich in ihrem Gesang. In solchen Minuten wird es schaurig im Wald, und der Mensch merkt, wie hilflos er ist ohne schützendes Dach. Deshalb war ich froh, als der Wind sich legte und erste schwe-

re Tropfen auf die Futterrübenblätter klatschten. Das, was man früher die „Windsbraut" nannte, wühlt einem die Seele auf, und der unter ihrem Heulen dunkelnde Wald läßt die Angst aufstehen vor den unheimlichen Mächten. Es ist die Geisterfurcht, die sich regt im Lebewesen Mensch. Das gleichmäßige Rauschen des Regens, der aufs weite Blätterdach fällt, ist dagegen ein beruhigend Lied und strahlt in seinem Ebenmaß Entspannung aus. Diese Mildtätigkeit des Regens nahm ich auch an jenem Abend – erst recht nach dem drückend heißen Nachmittag – dankbar in mich auf.

Vielleicht sollte ich noch einen Bogen ans Katzeneck schlagen. Dort lag ein Kleestück. Die Heulböen vorhin waren ja nur kurz, und der Regen war sicher auch erfrischend für das Wild und für alles, was sich ein Pirschender verspricht.

Auf denn, noch einmal ans Katzeneck! Und da stand „Er". Weit war er hinausgezogen aufs Feld, es war schon ziemlich dämmerig, und nach hundert Metern Sicht wurde die Begrenzung von Busch und Pfahl schon unscharf.

Ja, muß es denn immer sein? Muß ich schon wieder zu Boden? Wann wird einmal ein Schuß vergönnt sein, bei dem mein grüner Janker sauber bleibt? Und diese Nässe! Dort der Kartoffelacker! In seiner Furche müßte ich entlangkriechen bis an die Ecke der Weißdornhecke, die, den Bahlertsweg säumend, ein Stück hangabwärts läuft. Dann müßte ich einen Rübenacker durchqueren, einen schmalen zwar nur, aber selbst das gäbe ein hartes Stück, denn nicht allzuweit vom Acker äste das „Flammenschwert" über dem Weg auf dem jenseitigen sanft ansteigenden Hang. Der Bock trug diesen Namen nach der Form seines Gehörns, das aus zwei hohen, unvereckten und in ihrem Verlauf ein wenig geschlängelten Stangen bestand.

„Kommst mir ein andermal". Ich wollte mich schon umdrehen, wollte mich auf den Heimweg machen, da packte mich wieder der alte Bubenstolz, und ich lag zwischen den Kartoffelstauden.

Herrlicher Geruch aus regenfrischer Erde! Die nassen Blätter strichen mir wie kosend das Gesicht. Vorsichtig zog ich mich vorwärts. Nur als ich dann das Rübenfeld querte, da ließ sich ein verräterisches Krachen umbrechender Stengel doch nicht vermeiden, und während des letzten Meters warf der Bock ruckartig sein stolzes Haupt auf und äugte wie erstarrt. Inzwischen hatte ich meinen Hut verloren

und lag mit meinem grauen Kopf recht ungeschützt am Hecken-
rand. Aber für den Bock konnte das ja ein Mensch nicht sein. Vielleicht eine Katze? „Bö!" Im Stechtrab ein paar Meter nach links!
Verhalten! Der eine Vorderlauf ging angewinkelt in die Höhe.
„Bö!". Inzwischen hatte ich die Büchse gerichtet, als der Bock in hohen Fluchten nach rechts den Weg überfiel, den diesseitigen Hang
heraufkam und auf diese Weise mir sogar noch ein Stück näher war.
Nur zwischen den Rübenblättern konnte ich nicht schießen. Eine
erneute Flucht zurück zum alten Platz! „Bö! Bö!". Da war die Kugel
aus dem Lauf. Das Mündungsfeuer hatte mich recht geblendet, und
ich sah zuerst gar nichts. Nach einiger Zeit aber schimmerte dort
vom Kurzklee die Decke im letzten Licht. Da zuckte der erste Blitz,
ich hatte ihn schon längst erwartet, und im Gewitter des Waldes und
in seinem Groll trug ich den Bock zur Hütte. Blitz und Donner sind
gute Gefährten für einen alten Bock, der das „Flammenschwert" genannt wurde.
Ich schloß die schwere, ein wenig schief in den Angeln hängende
Tür auf. Der mir wohlbekannte, etwas „motzige" Duft, der durch
alles Lüften niemals ganz verschwand, kam mir entgegen. Mit Hilfe
der Stablampe, die ihren Platz oben auf dem Brett gleich neben dem
Türbalken hatte, tastete ich mich in den zweiten Raum hinein, löste
die Verriegelung des Fensters und öffnete den Laden. So konnte
wieder einmal frische Luft in die Hütte strömen. Wie gut, daß es ein
Gewitter als Anlaß dazu gab! Das Fenster hatte ich nun weit aufgetan. In der Ecke gleich dabei brauchte ich nur über mich zu greifen,
eine Bewegung, die im Laufe der Zeit geradezu blind gelang, um die
kleine Pfeife in die Hand zu nehmen, die dort über den Stangen eines
alten, schwarzbraunen Gehörns lag. Dann lehnte ich mich gemütlich zurück, genoß die reine Luft, die der rauschende Regen draußen
aus Laub und Waldboden aufsteigen ließ, während die Blitze das Innere meiner Stube gespenstig zuckend erhellten und die Donner-
schläge grollend das Bahlerts hinunterrollten. So fühlte ich mich geborgen in meinem geliebten Haus und wartete, vor mich hinsin-
nend, das Ende des Gewitters ab.
Zwangsläufig gehen da so manche Gedanken zurück in vergangene
Tage. Was hatte man in diesen Wänden nicht alles Schöne schon erlebt! Gar vieles gäbe es über den Werdegang dieses von außen so un-

scheinbaren kleinen Holzschuppens zu erzählen. Die verschiedensten Epochen hatte es durchgemacht, sah manchen Pächter, Mitpächter und Jagdfreund kommen und gehen, wurde selbst vergrößert, umgebaut und wieder vergrößert bis zu seiner heutigen Gestalt. Besonders im letzten Jahrzehnt ist es zum ruhenden Mittelpunkt des Reviers geworden. Die Bedeutung der Hütte liegt nicht darin, daß sie nur ein Obdach ist, oh nein, weit über das Praktische hinaus ist sie uns eine liebe Heimstatt geworden in vielerlei Hinsicht von kleineren und größeren „Festen" bis zur stillen Stunde. Dazwischen liegt wie ein buntes Spektrum die Palette aller Möglichkeiten geselligen Jägerburschenlebens einerseits und der Zuflucht des Einzelgängers in einem Augenblick gesuchten, ruhigen Verweilens. Anfänglich ein Einzelraum in rein zweckdienlicher Ausstattung war sie recht karg und leer. Es ist das schon vier Jahrzehnte her. Dann wurde sie um einen ebenso großen Raum als „Anbau" erweitert, aber er diente zu nichts anderem, als zwei Doppelpritschen aufzunehmen und nur ein kleines Fenster zu haben, das nur ein spärliches Licht hereinließ, erst recht, wenn man die Laubbäume berücksichtigt, deren Blätterdach teilweise bis über die Hütte ragte.

So fand ich sie vor, als ich in diesen Wäldern jagen durfte, ein schwartenbeschlagenes, kleines Häuschen am Abhang zum Bahlerts auf einer künstlich angelegten Terrasse gelegen, am Rande einer Waldwiese, deren Dimensionen nicht über die eines Schrotschusses hinausgingen. Wie oft sind wir beiden, der alte Schaller und ich, an dem braungestrichenen und jetzt der Verwitterung preisgegebenen Häuschen vorbeigegangen, und immer wieder fragte er einmal: „Wollen wir uns nicht einmal bei Buxmann die Schlüssel zur Hütte holen?" „Was tun wir denn damit? Sehen Sie doch, wie hinfällig es aussieht! Was tun wir denn mit einem leeren Raum?" Leer war er deshalb, weil gleich nach dem Krieg der Herd und das Geschirr von unbekannter Hand genommen worden waren und weil nichts mehr zurückgeblieben war als kahle Wände, abgesehen vom Tisch und einem Odenwälder Küchenschrank, bestehend aus Ober- und Unterteil. Den hatte man, so sah ich später, als Zwischenwand zwischen den beiden Räumen benutzt, derart, daß der untere Teil mit seinen Türen und Schubladen in den einen, der obere aber in den anderen

Raum hineinsah, so daß er zu einem richtigen „Janus-Schrank" geworden war, wahrlich eine erfinderische Idee!

Eines Tages, als wir wieder einmal an der Hütte vorbeigingen, zog der gute Georg wortlos einen Schlüssel aus der Tasche. „So, den habe ich mir geholt. Sie müssen doch endlich einmal alles kennen lernen, was so zum Revier gehört". Es war eine prophetische Tat. Die Tür drehte sich ein wenig ächzend in den Angeln. Die eisernen Verwahrungen der Fensterläden wurden gelöst. Wie lange werden sie nicht mehr benutzt worden sein! Die Läden wurden alle geöffnet, wobei mir die Doppelfenster des breiten vorderen „Zimmers", das einmal als Küche gedient hatte, sofort auffielen. Sie bestanden aus mehreren quadratischen, holzgefaßten Teilchen, von denen nur in jeder Fensterhälfte jeweils das mittlere geöffnet werden konnte. Sie waren einem Butzenscheibenmuster ähnlich und deshalb schon eine kleine Besonderheit, hervorgegangen aus liebevoller Handwerksarbeit, das sah man gleich. An der Wand waren einzelne Bilder, Bildbeilagen aus Jagdzeitschriften mit rostenden Reißzwecken befestigt, es hing auch noch ein verlassenes Gehörn da, zeugend „von schöner, vergangener Zeit". Ein alter Küchentisch, in dessen klemmender Schublade ebenfalls noch einige Jagdbilder lagen, war das einzige Inventar. Der hintere Raum bot kaum den beiden Riesendoppelpritschen Platz, auf deren Brettern alte Seegrasmatratzen, von den Hüttenmäusen zerzaust, still vor sich hinmufften und langsam am endgültigen Verkommen waren.

Ach, wie trostlos sah das aus! Wenn man in einem Raum steht, sei es in einem Schloß oder in einer Kate, in dem nichts anspricht, als die spärlichen Überbleibsel eines vergangenen Lebens, so sieht man sich dem Gesetz des Vergänglichen doppelt ausgeliefert. Der sichtbare Verfall des Gewesenen ist auf besondere Weise tragisch, und wir sehen in diese Auswegloigkeit wie in eine wartende Gruft.

So standen wir auch hier, und ich fühlte hautnah die eigene Atmosphäre dieses Jagdhauses. Ich spürte seine Vergangenheit und alles, was diese Umgebung seinen früheren Benutzern und Bewohnern bedeutet haben mußte.

Was verrieten sie, die Bilder da, von frohen Kameraden vor langen, langen Jahren einmal zukunftsfreudig an die Wand geheftet? Was verriet das einsame Gehörn, einstmals belohnender Abschluß einer mühsamen Pirsch, aufbewahrt zur freudigen Erinnerung und letzt-

lich verurteilt, im dunklen Raum einer einsamen Hütte vor sich hin-
zuträumen? Es war der traurige Verlauf der Zeit, der die Jagdkameraden vor mir am Ende des großen Kriegs aus ihren Wäldern vertrieben und fremde Jäger in dieses Tal gebracht hatte. Das hatte die Hütte verurteilt zu ihrem düsteren Dornröschenschlaf.
Aufschreiben hätte ich sollen, an welchem Tag mein erster Schritt
über ihre Schwelle geschah. Es war ein bedeutsamer Tag. Wir spra-
chen nicht viel, der Georg und ich, wir hatten keine Worte der
Überraschung und keine des Bedauerns. Ich spürte nur, wie dieses
Obdach eine Macht über mich bekam, wie ich es plötzlich liebte in
seiner Verlassenheit und wie ich in der Gewißheit hinter mir die Tür
schloß, es wiederzusehen zu neuer Obhut und Pflege mit dem festen
Vorsatz, es zu einem neuen Leben zu wecken.
Das geschah denn auch zielstrebig in der nächsten Zeit. Zunächst
mußten die Wände frisch gestrichen werden – die „Küche" nahmen
wir uns zu allererst vor. Dann wurde ein eiserner Herd herbeige-
schafft, eine ausgediente Petroleumlampe bei bäuerlichen Bekannten besorgt, neue Bilder sollten die Wände beleben, neues Geschirr
mußte den Küchenschrank füllen, Waschschränkchen, Wasserei-
merbank und eine Wandbank zum Sitzen, Stühle, Eimer, Schüsseln,
Kochtopf, ein altes Waschgestell, alles, schier alles konnte man
brauchen. Es wanderte in die Hütte und legte den Grundstein für
viele, fröhliche Ereignisse, die fast alle im bunten Hüttenbuch fest-
gehalten sind und deren Kontinuität die unbewußte Zähigkeit der
Menschen bezeugt, sich von all dem Traurigen zu lösen, was unser
Dasein aus einem nicht zu deutenden Grunde ohnehin zur Genüge
erfüllt.
Nach dieser ersten Grundeinrichtung erwies es sich als wünschens-
wert, wenn man den zweiten Raum auch noch nützte. Was sollten
die Pritschen darin, was sollte das Werkzeug, Schippen, Hacke und
ein paar alte Besen? Man müßte ein Pritschenpaar entfernen und eine
Sitzgelegenheit schaffen; man müßte auch diesen Raum mit einer
hellen Farbe oder Tapete versehen, zünftig gemusterte Vorhänge
müßten an die Fenster, so daß aus einer Notunterkunft eine etwas
freundlichere Behausung würde.
Als das alles nun so nach und nach gezimmert und gewerkelt nach
unseren Plänen vor uns stand, war aus der ursprünglichen Bude eine
echte Jagdhütte geworden.

Es gehört zu den Spitzfindigkeiten menschlicher Geselligkeit, daß
sie immer Anlaß finden, ein Fest zu feiern. Das sollte denn auch bald
geschehen, als Tauftag sozusagen, an dem wir der Hütte einen Namen geben wollten. Herbst war es wieder, und die Zeit der Treibjag-
den hatte begonnen. Was gäbe es Schöneres, als eine Treibjagd ein-
zurichten, eine kleine, im engen Kreis der nachbarlichen Kameraden, eine „Kabinettsjagd", wie der südliche Nachbar Fritz zu sagen
pflegte, und sie ausklingen zu lassen in einem Treffen in der wieder-
erstandenen Hütte im Schmucke ihrer neuen Ausstattung? Der An-
rainer im Norden ließ die Nähmaschinen über den noch ausstehen-
den Gardinen surren und zauberte in bewundernswerter Schnellig-
keit eine Abbildung jenes großen Jägers herbei, des ruhelosen Wan-
derers der Heide, der uns erst den tiefen Sinn des Jagdseins aufge-
zeigt hatte, uns und auch denen, die bis dahin abseits standen. War
es denn nicht so? Aufgeschlagen hatte er als erster das große Buch
naturgeborener Geschehnisse, aufgetan hatte er das Tor in das Land
der weiten und kleinen Wunder vor den Mauern unserer Städte,
Sonne hatte er hereingelassen in die Schatten von Unkenntnis und
Nichtachtung dessen, was sich stündlich, täglich, monatlich und
jährlich im Wechsel der Jahreszeiten in den Landschaften unserer
Heimat vollzieht und was uns Jäger an diesen Ablauf bindet. Er hat
uns als erster die Augen geöffnet für den heimlichen Wald, das Ge-
hör geschärft für des Taubers Liebeslied, wenn es über den Wipfeln
der Bäume steht, hat uns das Warten auf dem Ansitz gelehrt und alles gezeigt, was man dabei beobachten kann, er hat uns die Hand geführt auf unseren Pirschen und den Finger auf die Stelle des Körpers
gelegt, unter der das Herz des Jägers schlägt in pochender und nie
verlöschender Ungeduld. Deshalb sollte unsere Hütte seinen Namen tragen.
Und so kam denn der Tag herbei, es war ein Tag des ersten Schnees,
an dem wir zu jenem Treiben auszogen, weniger der Beute als seines
Abschlusses wegen. Da füllten die alten Burschen wieder dieses kleine aber doch so liebenswerte, erneuerte Haus, in langer, aufge-
zwungener Pause ihrer Benutzung durch sie entzogen und nun endlich wieder freigeworden und hergerichtet „zu neuen Taten". Es ist
schwer, die Stimmung zu beschreiben, die in solcher Stunde eine
Gemeinschaft beherrscht. Es ist so etwas wie ein Wiedersehen mit

einer lieben Vergangenheit, gepaart mit der Freude auf das Kommende, ein erster Schritt in neues Land, ein Schritt, der das Lachen in die Herzen treibt.

Ich möchte besonders nicht den Augenblick vergessen, in dem wir das Bild von Hermann Löns in der Mitte der langen Wand aufhängten, um so auf einfache Weise zu sagen, diesem Jäger allzeit verbunden zu sein, und sich verpflichtend zu ihm als unserem großen Lehrer, Gefährten und Bruder zu bekennen.

Mit der Zeit bedrückte uns die mangelhafte Helligkeit im hinteren Raum sehr. Solche Unvollkommenheit, über die wir uns vergeblich hinwegzutrösten versuchten, wurde lästig, und ich besorgte mir ein Fenster, das nach Westen viel Licht hereinließ und von dem aus man hinuntersehen konnte ins schöne Wiesental, das berühmte Bahlerts, neben dem märchengleichen Teich ebenfalls ein „Herzstück" des ganzen Reviers. Gleichzeitig wurden beide Räume frisch tapeziert und ein neuer Herd erworben.

Wieder ein Bauabschnitt!

Ich erzähle das – so mag man denken – mit geradezu kindlicher Akribie. Wer selbst sich „Jäger mit Hütte" nennen kann, wird auch begreifen, wie nah so etwas am Herzen liegen kann und wie man in der Nacherzählung imstande ist, kostbare Vergangenheit zu einer im Nachempfinden fast noch liebenswerteren Gegenwart umzugestalten.

Was Stufe für Stufe mit so viel Sorgfalt, Aufwendung und Hingabe aus seinen Händen gleichsam herausgewachsen ist, füllt in des Beständers Bewußtsein eine wichtige Stelle aus, und es gehört zu seiner Jagd genauso wie Sonne, Wind und Regen, wie Dickung, Wiese und der hohe Wald.

Nun war unsere Löns-Hütte endlich so weit gediehen, daß man daran denken konnte, in ihr auch einmal zu übernachten, ja, sogar einige Tage in ihr zu verbringen. Das würde bedeuten, in vollendetem Stil auf der Jagd zu sein, Jäger zu sein ohne die „Bequemlichkeiten" häuslicher Umgebung, ohne den häuslichen Aufbruch, ohne die Heimkehr in die häusliche Gemütlichkeit. Könnte man hier, sei's auch nur einige Tage verbringen, so wäre das Band zur „Zivilisation" abgeschnitten, man hätte sich vom Bürgerlichen losgesagt und hätte hier, mitten in der Natur auf sich selbst gestellt, sein Lager aufgeschlagen. Es wäre ein Leben in rein jägerischer Kontinuität, nicht nur kurze Episode im Alltag, sondern endlich einmal die Loslösung von dem sonst so teuren und lieben „zu Hause" und das Einbezogensein in die Natur. Ich freute mich sehr darauf.

Dann kam der Morgen, an dem ich mit „Sack und Pack" der Hütte entgegenfuhr. Rucksack, Schlafsack, Decken, Proviant mußten vom Wagen noch ein gutes Stück getragen werden, ein guter Bekannter, der auch meinen Dienst versehen sollte, half mir dabei. Dann fuhr er mit meinem Wagen davon, um mich in drei Tagen wieder abzuholen – und ich war allein, allein mitten im freien Revier! Die Brücke zum bürgerlichen Haus war abgebrochen. Allein in der Hütte, allein in meinem Wald! Ich mußte einmal weit die Arme ausbreiten, hinaufsehen in das Laubdach der alten Buchen, tief, ganz tief Atem holen und in die Runde schauen, über die Waldwiese neben dem Haus, nach der Dickung hinter mir, ins Bahlerts hinunter, wo heute abend die Rehe stünden. Ich kam mir vor wie Robinson, aber ein glücklicher, der weiß, daß hinter den Hügeln da vorne und hinter den Hügeln in seinem Rücken die bergenden Dächer der Menschen lagen, von denen ihn kein Ozean trennte, sondern lediglich ein kurzer Marsch.

Es war ein warmer Sommertag, man konnte die Tür, man konnte die Fenster öffnen, konnte sich in Ruhe einrichten, in Ruhe sage ich, würde ohne Hast zur Jagd aufbrechen und ohne Hast zurückkehren.

Heute abend wollte ich ansitzen am Frankenhäuser Feld, es war noch ein Bock zu schießen.

Es ist ein eigenartiges Gefühl, plötzlich so allein zu sein und viel, viel Zeit zu haben. Da lohnte es sich, eine Pfeife anzustecken und sich auf die Bank vor der Hütte zu setzen, die unter dem Westfenster stand und von der aus man ins Wiesental hinabsehen konnte. Die linke Hand lag auf des Hundes Kopf, – Elke war es damals noch – und spielte graulend am Ohrenansatz, dort, wo man die Knorpel der Muscheln fühlte, das hatte sie gern. Sie war eine gutführige Hündin, mit der ich schon viel Freude hatte.

Ein kurzer Orientierungsgang durchs Revier ohne Ziel füllte den Nachmittag aus. Wenn ich so durch den Wald bummele, in stillfroher Entspannung, fallen mir so oft Goethes Worte ein: „Ich ging im

Walde so für mich hin". Es liegt eine wundersame Ruhe in diesen Zeilen für das sonst so gehetzte, getriebene Gehirn „und nicht's zu suchen, das war mein Sinn". Nichts zu suchen, nach nichts zu trachten, nichts erzwingen zu wollen, sondern nur ein offenes, bereites Herz zu haben. Wie wohltuend schlendert es sich den Waldweg entlang, gelassenen Blickes durchs ausgeschlagene Holz, auf den Graswegen, welche die heimlichen Dickungen durchschneiden und am Waldrand im Schatten des Astüberhanges. Es macht einem nichts aus, daß die Bucheckern krachen, es stört nicht die zertretene Eichel und das Knistern vom vorjährigen Laub. Man will ja „nichts suchen", man geht ja nur „so für sich hin". Wieviele Jäger sollten wieder lernen, zwischen lauschender Pirsch, auch einmal „spazieren zu gehen".

Der Abend kam, und ich bezog die Kanzel am Frankenhäuser Feld. Elke mußte „zu Hause" in der Hütte bleiben. Vielleicht konnte die Überläuferrotte kommen, die ab und zu in der nahen Eschenplatte brach. Aber außer ein paar Geißen zeigte sich wenig. Selbst Elstern, Eichelhäher und die Tauben machten sich rar an diesem Abend. Auch sie zählen bei mir zum Anblick, so wie der Fink und der Dorndreher, der Zaunkönig und die schnellflügige Meise.

Da knackte links vom Hochsitz ein dünner Ast. Sieh da! Da kam er wieder gezogen, der Abschußbock, der von mir schon so oft verschmähte, weil ich Besseres und Stärkeres im Sinn hatte. „Mußt du denn immer wieder vor meine Büchse laufen? Willst du denn mutwillig in dein Unglück rennen? Und auch heute kommst du mir wieder, zum Donner –, ich mag dich nicht!"

Eine halbe Stunde schon äst der Bock vor mir auf dem Klee, ungerader Sechser von 6–7 Jahren, Stangen dünn und wenig vereckt. Was sollte noch aus ihm werden? Würde er im nächsten Jahr besser sein? Wohl kaum. Wer würde ihn in diesem Jahr schießen? Vielleicht keiner. Warum sollte man diesen beispielhaften „Abschußbock" eigentlich nicht schießen? – Das waren im großen und ganzen die Überlegungen, die beim Zusehen seines Äsens in mancherlei Variationen mir durch den Sinn gingen. Aber so leicht sollst du es mir nicht machen, alter Verführungsbock, der du mir zum wievielten Male schon über den Weg läufst. Gut, ich werde dich schießen, ich will es wenigsten versuchen, – nachdem ich dich „verdient" habe. So nahm ich meine Büchse vom Baumnagel, kletterte die Leiter hinunter, zog unten die Schuhe aus und fing an, auf Strümpfen den Pirschpfad eine steile Schluchtwand hinunter zu schleichen, drüben wieder in die Höhe, eine weite Schlinge hinter einigen Randeichen entlang, bis ich an eine geeignete Stelle kam, von der aus ich ihn wieder sehen konnte. Aber ich wollte wenigstens bis zum Waldrand kommen, dort vorne nach der kleinen Grabenböschung hin, von wo ein guter Schuß anzubringen war. Erst dann würde ich schießen, dann hielt ich die Aufgabe, die ich mir selber stellte, für erfüllt. Es lag aber viel dürres Zeug zwischen mir und meinem ins Auge gefaßten Platz, da mußten viele Zweige behutsam beiseite gelegt, welkes Blattwerk leise zur Seite geschoben werden, ehe ich es wagen konnte, meinen Körper durch all dieses welkdürre Gewirr zu schieben. Es knackte manchmal verdächtig, und das Haupt des Bockes schnellte sichernd in die Höhe. Wiederholt galt es, geduckt – geduldig liegen zu bleiben mit meinem zu Boden gedrückten hellen Gesicht. Aber der Bock hielt. Wo blieben die Vogelstimmen, die vor wenigen Augenblicken noch über Wald und Äckern standen? Wo war die untergehende Sonne und wo war der Klang der Dorfuhr, der Viertelstunde um Viertelstunde hergedrungen war und meinen Ansitz begleitet hatte? Vergessen waren sie alle und von der Spannung des Jägers verdrängt.

Drei Meter würden es wohl noch sein bis zum Waldrand, und wieder knackte ein kleines, unter schrägliegenden Grashalmen versticktes Ästchen, und wieder fuhr das Haupt des Bockes hoch. – Endlich aber war ich am vorgenommenen Liegeplatz, zielte in Ruhe und nahm dem Bock sein Leben.

Mit mir selbst zufrieden konnte ich ihn zur Hütte tragen. Und, daß ich ihn gerade *zur Hütte* tragen konnte, in mein kleines Nachtquartier ganz neuer Prägung, das machte diese Zufriedenheit noch größer.

Als ich den Bock im Holzschuppen aufhängte, kamen starke Böen auf, erste Tropfen fielen, und es zog ein richtiges Wetter auf, gerade wie eben, da ich, in Erinnerungen lebend, in der Fensterecke saß, während das Flammenschwert draußen am Dachsparren hing. So gemütlich war es damals ebenfalls im Eremitenhaus, und das gedämpfte Öllampenlicht schuf eine eigene, bis dahin nicht erlebte Wärme. Ich las noch lange an jenem Abend, während draußen der Wind um die Bäume heulte und der Regen immer lauter wurde. Im schützenden Stübchen war es umso stiller, nur das zeitweilige Schnauben des schlafenden Hundes und das Geraschel der Hüttenmäuse, die ihr verborgenes, emsiges Leben trieben, waren die einzigen Geräusche in diesen Wänden. Ab und zu schlug ein Ast, den der Wind als dürres Überbleibsel von seinem Stamm gelöst hatte, krachend aufs Hüttendach, so daß man zusammenfuhr, sonst aber verbreitete diese Einkehr in der Lönshütte eine heilsame Ruhe, die deshalb so wohltuend war, weil man sie zum ersten Male erlebte. „Lösch aus dein Licht und schlaf" – Hans Carossas guter Rat ließ mich den Abend beschließen. Es war aber doch ein unruhiger Schlaf in der ungewohnten Umgebung, und mehr als einmal wurde man unsanft geweckt, wenn wieder so ein Stück Holz aufs Dach geprallt war.

In den ersten Morgenstunden – es war noch dunkel – ging ich einmal vors Haus. Der Regen hatte aufgehört, der Sturm war im Gegensatz zum vorausgegangenen Wogen und Raunen und Gießen einer fast unheimlichen Stille gewichen. Die Nacht lag naß und schwer über dem Land. Vereinzelte Sterne waren aufgekommen und leuchteten schwach in den Dunst, der leicht und lose zwischen den Bäumen hing. Ganz in der Ferne hörte man Züge rollen, in den Wäldern schreckte hie und da ein Reh. Da stand ich nun und lauschte in diese Nacht hinein. Um mich ein Schweigen, das wie ohne Atem war. Aber ich wußte, daß es atmete und daß es in wenigen Stunden wieder dem lichterhellen Leben entgegenginge.

„Komm, Elke!" Ich schloß die Tür wieder hinter mir. Noch zwei Stunden, und man konnte sich richten zur ersten Morgenpirsch. Als ich dann „gestiefelt und gespornt" vor der Hütte stand und als es mir plötzlich bewußt wurde, daß ich ja schon an Ort und Stelle war, mitten in meinem Wald, ohne den langen Weg durch die schlafenden Straßen, ohne Fahrt mit dem Wagen, sondern daß hier vor meinen Füßen der morgenfeuchte Weg begann, wo die Wiese lag und da drüben der Buchenschlag, dessen silbrige Stämme sich eben grau aus der Dunkelheit abhoben, überkam mich doch ein eigenartiges Gefühl. Erste, zaghafte Stimmen eben erwachender Vögel erfüllten das geheimnisvoll umwobene Zwielicht und begleiteten meinen tastenden Gang auf dem schmalen Pfad den Wiesenhang hinauf. Wo er aufhörte, mußte man sich ein wenig rechts halten und im Hochwald weitersteigen, bis man nach kurzer Zeit seinen Rand zum Feld hin erreichte. Dort war ein Hochsitz in eine alte Eiche eingebaut. Das Wild dürfte wohl schon draußen stehen, man könnte es gut ansprechen, wenn es langsam einzöge. Es waren damals vor allem auch noch Geißen zu schießen, und das geschah in verantwortungsvollem Wahlabschuß und galt uns Modauer Jägern genauso wichtig wie die Mühe um den richtigen Bock.

An jenem Morgen verlief dann auch alles wie erhofft. Es wurde heller und heller und bald konnte man einen äsenden Zukunftsbock, eine Geiß mit ihren Kitzen, links daneben einen bekannten Gabler und das ebenfalls bekannte schwache Schmalreh erkennen. Es könnte sein, daß es einen strengen Winter nicht überlebte. Da war nicht viel zu überlegen. Während es zaghaft auf den Waldrand zuzog und genügend breitstand, trug ich ihm die Kugel an.

Solange es vollends, an einem Buchenrauscher hängend, ausschweißte, lag ich am Fuße der Eiche und sah in den Morgen hinaus. Mit all seinem Vogelgezwitscher, wie es sonst nur dem Sommer eigen ist, erfüllte es den weiten Vorherbstwald. Der Kuckuck rief noch, und die Tauber ruksten sich zu, und die Lerche trillerte, und der Bussard ließ seinen Katzenschrei hoch droben im Himmelsblau über die Erde klingen. Mein erster Hüttenmorgen! Nun hingen schon zwei Rehe im Holzschuppen, mit Brennesseln gut ausgestopft und mit viel Buchenlaub der Fliegen wegen verblendet. Man mußte Wasser holen drüben aus dem Bahlertsbach. Man würde sich auch bald ein gutes Frühstück munden lassen. Und zum Mittag würde es Leber geben. Es war gut, daß mich am Nachmittag der Schailer einmal besuchen kam. Er wollte sehen, wie es mir gehe in meiner Einsiedelei, und ich konnte ihm sagen, wie gut es mir ginge. Im übrigen sei auch ein Bock und ein Schmalreh abzuholen, und da sei des Bockes Haupt, das eichenblattgeschmückt auf dem breiten Brotholzteller in der Hüttenküche und gleich darauf auf dem Freisitztische stand, und dem zu Ehren wir einen guten Tropfen aus den neuen Hüttenbechern tranken.

Schaller nahm den Bock mit nach Hause, das Reh würde ich selber nachbringen, dann war ich wieder allein in meinem Hüttenleben. Wasser holen, Essen richten, aufräumen und immer wieder aufräumen, man ahnt ja nicht, wie schnell so eine Jägerbude in schöpferische Unordnung gerät. Dazwischen blieb auch nur wenig Zeit zum Lesen oder Mittagsruhe zu halten, hingestreckt auf die Freisitzbank. Wenn man so hinaufschauen konnte in das leise wispernde Spiel von Schatten und Licht des Laubdaches, das von allerlei singenden, schwirrenden und summenden Geräuschen erfüllt war, von Bienen, Hummeln, Sonnenfliegen, vom bunten Gezwitscher des ganzen Fiedervolkes, gingen still-heitere Stunden bald vorüber. Nicht lange mehr würde es dauern, und man säße im Schein der letzten hellen Minuten vielleicht wieder am Frankenhäuser Feld, von wo aus man sehen könnte, wie die Sonne glutrot hinter den Riesenbuchen des Frankensteins verschwände. Und wenn es Nacht würde, dann brauchte man etwa nicht zum wartenden Wagen oder zum Dorf hinunter zu gehen, man würde vielmehr dem kleinen Wiesenstück zugehen, das man einsam zwischen Alt- und Mittelhölzern liegen wußte, und an dessen unterem Ende die Stube wartete mit ihrem „alten" inzwischen liebgewordenen Geruch und dem bald angezündeten Öllampenlicht. Dann würde man ergriffen sein von jenem Wort, das in solcher Stunde so unendlich viel ausströmte von Sehnsucht und Hoffnung, von Gewißheit und Trost: „Herr bleibe bei uns, denn es will Abend werden, und der Tag hat sich geneigt".
Vom Herd kam nach einer geraumen Weile des Einfühlens die Witterung bratender Kartoffeln und Leber, und ein kräftiger Schluck erfrischenden Rheinweins ließ eine wohlige Stärkung durch den Körper rieseln. So brachte man den Abend zu Ende bei Weingeschmack, Pfeifenrauch und harzigem Herdfeuerduft. Draußen aber stiegen aus dem Bahlerts dünne Nebelschwaden herauf, und der Ruf des Kauzes heulte dumpf durch den nächtlichen Wald.
Drei Tage gehen schnell vorbei, und als der Wagen kam, der mich wieder heimholte zu den Meinen, bestieg ich ihn ein wenig wehmütig. Aber ich käme ja wieder, das wußte ich.
So verlief das erste Erlebnis in der Lönshütte. Es sollten ihm noch viele folgen.

Ein allzu zufriedenes Herz kann träge machen. Den letzten Bauabschnitt der Hütte und ihre endgültige Ausdehnung verdanken wir einer Unzufriedenheit, die sich gänzlich entwickelte, Unzufriedenheit darüber, daß unser Waldhaus eben doch noch kein „Haus" war, sondern bei kritischer Betrachtung einem schmalen Handtuch glich, in der Mitte geteilt, ohne die Ellenbogenfreiheit zu gewähren, die notwendig ist, wenn man sich in einem Raum zu dritt oder gar zu mehreren ungehindert bewegen will. Gewiß hatten wir schon viel Schönes unter dem Geiste des grünen Daches erlebt, in ihrem Fluidum eine wohlgeschätzte Steigerung so mancher Jagderlebnisse erfahren, aber mit der Zeit war bei aller Wohlgefälligkeit dessen, was wir uns bis jetzt geschaffen hatten, doch der Wunsch nach Erweiterung immer stärker geworden, denn man wollte im Kameradenkreise auf die Dauer keine Hütte haben, die nur Herberge sei für einen, zwei oder gerade noch drei. Wir wollten uns auch einmal in größerem Kreis hier zusammenfinden, Platz haben, so wie wir ihn auf dem neuen Freisitz inzwischen hatten, den während einer hier verbrachten Urlaubswoche Kamerad Schott, der gelernte Schreiner, gezimmert hatte mit genügend großem, festem Tisch, mit festen Bänken und mit einem Jägerzaun. Wir wollten auch Platz haben für einen zweiten Ofen, für einen Schrank, in dem etwas unterzubringen war, für einen großen Kameradentisch und für mehr Sitzgelegenheiten dabei.

Im stillen hatte ich schon öfter vorausgeplant, hatte mir von außen alle Möglichkeiten angesehen und kam endlich zu dem Schluß, daß es ohne schweren Kampf mit dem Gelände nicht abginge, denn wir mußten das Handtuch derart verändern, daß wir die Wohn- und Schlafstätte um sich selbst vergrößerten, wodurch aus dem länglichen Bau ein L-Grundriß würde, und das ginge nur in den Hang hinein.

Fragt nicht, liebe Jagdfreunde, was da an Erde und Gestein zu bewegen war! Fragt nicht, wieviel Stunden schwerer und schwerster Arbeit notwendig waren, nur um einmal den nötigen Platz zu schaffen. Gesteinsbrocken verschiedener Erdformationen kamen zutage, viel Erde und viel Sand. Ich bereue, daß wir nicht die Schubkarren zählten, mit denen wir die aus dem Hang herausgebrochene Masse bewegten und zur Vergrößerung der Terrasse verteilten. Ab und zu tauchte – wie angedeutet – der eine oder andere Granitfelsen auf, meist in kugeliger Form von Kinderkopfgröße bis zu der eines Pferdekopfes. Wie mögen sie zwischen die Sandsteinmassen geraten sein? Waren's erratische Blöcke, die im Moränenschutt lagen? Nun waren sie wieder am Licht, Wurfgeschosse, mit denen sich einst Götter und Riesen um die Herrschaft schlugen.

Was soll ich von all den Arbeiten aufzählen, die sich Woche um Woche neuen Anforderungen gemäß vervielfachten? Als der Sommer zu Ende ging, stand es endlich da, das neue Haus im Wald, am Hang des Bahlerts hingeschmiegt mit dem neuen breiten Wohnzimmer, getäfelt bis zur halben Höhe mit dem Wandbeschlag eines Tanzsaales, den man im Dorf gerade abriß, mit neuem Kamin und Ofen versehen, ausgestattet mit einem breiten Schrank für Kleider, Bettwolldecken und Trinkbecher, mit einer neuen Doppellagerstatt, großem langem Tisch, um den wandwärts eine Eckbank lief, vor dem aber echte, alte Bauernstühle standen, die uns von wohlgesinnten Menschen in den umliegenden Dörfern gespendet worden waren. An den Wänden hingen Gehörne aus alter Zeit, von unseren Vorgängern geschossen und jetzt zu deren Gedenken aufbewahrt und in Ehren gehalten. Zwei Hirschgeweihe hingen dazwischen, ein Muffel war auch dabei, das ausgestopfte Haupt eines guten Bockes und ein schwingenweiter Bussard.

Manche unterhaltende Stunde brachte ich damit zu, – auch in der Küche – an Stellen, wo es angebracht schien, eine echte, „alte" Bauernmalerei aufzutragen, so daß endlich aus unserem anfangs so geliebten und geschätzten aber doch spartanischen Unterschlupf ein beachtliches Jagdhaus entstanden war, und es ist an der Zeit, all den lieben Freunden zu danken, die zu diesem Entstehen beigetragen haben, dem unentwegten, unverdrossenen Schwartennagler Fritz, dem Geweihspender Jakob, dem Spender der Küchentür, deren „astreines Lärchenholz" einen jeden Besucher erfreut. Zu danken ist der lieben Gefährtin, die ihre Maschine mit Nadel und Faden über den geblümten Gardinenstoff jagte. Diese wenigen stehen stellvertretend da für alle anderen, die im Laufe der letzten Jahre immer wieder Anlaß fanden, „etwas für die Hütte" zu tun.

Was man aber nicht sah, war der Geist vergangener Jahrzehnte, der an diesem Platz aufs Neue auferstanden schien.

▲ *Im Schutze der aufmerksamen Mutter*

▼ *Auch Reinecke gehört in die Wildbahn*

▲ *Blick in das „Bahlertstal"*

▼ *Der Hirsch vom Birkenacker*

Man kann nicht unter diesem Dach verweilen, ohne gelegentlich die Begegnung mit denen zu spüren, die vor uns waren, zum Teil noch mit uns, jetzt aber hinübergegangen in das große, dunkle Reich der Schatten, aus dem ihr stummer Gruß bisweilen wieder zurückdringt in unser helles Leben, in dem sie uns fehlen. Da ist der Philipp, der alte Jäger und Bauer mit dem kupferbeschlagenen, geflickten Drillingschaft, zumeist in der Stummheit der Wissenden in unserer Runde sitzend, zigarrengenüßlich mit dem seltenen Lidschlag über seinem bekannten, leichtgedrehten Schnurrbart, vollbeladen mit stillem Eifer und alter Erfahrung. Da ist unser erster Senior Buxmann, der nach langjähriger Pause der Nachkriegszeit endlich wieder dazu kam, sein Gewehr vom Haken zu nehmen und hinauszugehen in sein altes, angestammtes Revier. Im Straßenbild des Dorfes war seine breitschultrige, wuchtige Gestalt nicht zu übersehen, der Prototyp des Herrenbauern im Wesen und in der Art, wie er sich gab, noch versehen mit den Zeichen eines hinter uns liegenden Jahrhunderts, als noch mehr dienstbare Hände die Höfe bevölkerten. Je älter er wurde, umso mehr wurde er aus der Stellung eines Mannes, der lenkt und leitet, herausgelöst und in den dauernden Einsatz seiner Hände gezwungen. Das vermochte aber nichts zu nehmen an Selbstsicherheit und Bestimmtheit, mit der er sich in seiner Umgebung bewegte.

Es war in den Jahren, da ich mich meiner Tätigkeit wegen trennen mußte von einem für mich zu weit gelegenen Revier und nun gleichsam als ein „Wartender" auf der Rampe saß, als er mich eines Tages zu sich bat. Er saß in einem Wurzelkeller – oh, für solche Situationen hat man ein gutes Gedächtnis – und war mit der Säuberung des Futters beschäftigt. Wenn Wichtigkeiten auf dem Spiele stehen, dann schafft das eine besondere Atmosphäre, ehe man noch darüber spricht. Wir sahen uns beide etwas erwartungsvoll an, denn, daß etwas Wichtiges auf dem Spiele stand und zwar etwas Jagdliches, dafür hatte ein jeder von uns beiden ein bestimmtes Gefühl. In seiner Arbeit fortfahrend, sagte er, ohne besonders zu mir aufzusehen: „Sie wissen ja, daß wir nun endlich unsere Jagd wieder bekommen werden". Pause! Nur das Schaben des Rübenmessers war gleichmäßig zu hören. „Ich dächte, es wäre Ihnen recht, wenn Sie mit uns „ins Teil" gingen, und darüber wollte ich Sie fragen. Einzelheiten könnten wir ja später besprechen". Daß ich den Mann nicht umarmte!

Das war der Anfang, der äußerlich so nüchterne Anfang zu allem, was sich später aufbaute zu meiner Trophäenwand und zu dem, was man ein erfüllendes Heimatjägerleben nennt.

Hier in der Hütte nun, während das Gewitter draußen niederging und „das Flammenschwert" vollends ausschweißend am Sparrenbalken hing, gingen meine Gedanken zurück an jene verflossenen Tage, an die Stimme jenes Mannes, die in so souveräner Ruhe Rat zu geben verstand, wie sie in Ärger, begründet oder nicht, herpolterte, wenn er zum Beispiel in die Westentasche griff, in der er seinen berühmten kleinen Schlüssel trug, auf seinen „Sekretär" zuging, um sein perfekt geführtes Schußbuch hervorzuholen und seine Mitjäger etwa auf Zahlen verzögerten Abschusses hinzuweisen, oder was es auch sein mochte. Eine Stunde später konnte das Lächeln eines herzensguten, alten Mannes wieder auf seinen Zügen stehen, was dem, der in solchen Dingen Bescheid wußte, mit Sicherheit verriet, wie weich im Grunde der Kern war, den eine harte, eine vielen Menschen allzu hart erschienene Schale umgab.

Ja, wenn von der Hütte schon die Rede ist, von der Jagd in dieser Gemarkung überhaupt, so wäre sie unvollständig ohne das eine oder andere Bild eines Menschen, der gleich mir diese Schneisen ging, auf diesen Kanzeln saß, und dessen Spur noch frisch auf den Wegen, die so ganz auch die meinen sind, zu stehen scheint.

Gewöhnlich legte ich zweimal im Jahr kurze „Hüttentage" ein, entweder mit Martin oder mit Schott, denn zu zweit lebt es sich besser.

Man richtete es sich ein, diese Waldferien womöglich schon am Donnerstag zu beginnen bis weit in den Sonntagabend hinein. Dann traf man getrennt, mit allem versehen, bei der Hütte ein und lebte dann so in Gemeinsamkeit vor sich hin wie ich bei meinem ersten Hüttentag. Die Hauptsache war die Lösung von der so üblich-bürgerlichen Welt.

Was uns im Laufe der Zeit zu einem kleinen Problem geworden war, das war die Wasserversorgung. Wie sind doch die Berghüttenjäger zu beneiden oder vielmehr zu beglückwünschen, daß in den hohen Bergen immer ein Wässerlein sprudelt, eine nahe Quelle, die aus verborgenem, unterirdischen Vorrat, den das Schmelzwasser bereitete, zu allen Tagen zuverlässig gespeist wird. Früher war es so ähnlich auch bei uns. Man konnte aus dem Bahlertsbach das Wasser holen, niederknien am kleinen Drainagenüberlauf und sich mit dem Schöpfkännchen seine Eimer füllen. Mit einem Mal aber hatte sich das Wasser abgesenkt und war nur noch gluckernd und murmelnd zwischen großen Steinen, die nicht zu lockern waren, in der Tiefe zu hören. Nur der Hüttenjäger weiß, wie wertvoll ein Eimer frischen Wassers sein kann. Wir mußten es seitdem an einem Waldbrunnen mit dem Wagen holen, oder aber es wurde zugleich mit dem Proviant in großen Bauernmilchkannen mitgebracht.

Man kann gar nicht genug in schönen Erinnerungen schwelgen über unser abwechslungsreiches Tagewerk in der Hütte, wie es sich neben der Jagd abspielte.

Im Winter wurde dieses Tagewerk spürbar durch das Beschicken der wärmenden Öfen. Da mußte immer wieder einmal Holz gesägt werden aus den dürren Buchenrauscherstämmchen, die wir im Wald in Hülle und Fülle ringsum stehen haben. Wenn diese die Stärke eines Armes bekommen und zwei Jahre trocken stehen, sind sie knochenhart und so wertvoll wie die Briketts „der Zivilisierten". Dann mußte auch immer wieder für das Essen gesorgt werden. Oh ja, Essen und Trinken sind bestimmte Punkte im Hüttenleben. Lampen wurden frisch gefüllt, Waffen wurden gereinigt. Unverzichtbar die Mittagsruhe auf dem massiven, buntbemalten Übereinanderbett, während der Betrieb des „Jagdschlosses" stille stand und nur der langsame Pendelschlag der alten Schwarzwald-Bauernuhr zu hören war.

Zur Sommerzeit waren die Fenster weit offen, die Sonne fiel in ein Zimmer, in dem uns die Welt noch in Ordnung schien, und die Insekten schwirrten herein und hinaus. Draußen webte der Wald, und seine Stimmen mischten sich in unsere Ruhepause. Zur Winterzeit aber rollte man sich in die wärmenden Decken, dieweil das flackernde Holz aus den Türschlitzen des Ofens züngelnde Bilder an die Decke warf. Draußen stand der Wald in der weißen Kälte, aber hier drinnen war man bei sich selbst.

So kommen Stimmungen auf, die manche vielleicht ein wenig geringschätzig „Romantik" nennen, weil so etwas verpönt ist in einer nüchternen Zeit, aber sie ist echt, und sie ist wohltuend und wirkt wahrhaftig wie alles, was organisch aus sich selber wächst. Eine ähnliche erholsame Ruhe gab es dann abends, wenn wir nach „lecker bereitetem Mahle" lesend, rauchend, schreibend und zeichnend ins Hüttenbuch beim leisen Knisterfeuer saßen. Die aus einem Wagenrad konstruierte und mit Geweihstangen verzierte Deckenlampe gab ein rötlich-gelbes Licht, und das Rascheln der Hüttenmäuse wisperte zwischen den Wänden. Vor den Fenstern erscholl ab und zu ein Eulenruf. Er begleitete uns in unsere Träume.

Nicht immer aber ging es so ruhig und versonnen zu. Es gab auch recht bewegte Szenen, bei denen es in diesen zwei Räumen polterte. Dann waren die Jäger alle beieinander, um Geburtstag zu feiern oder den Abschluß eines Jagdjahres zu begehen. Dann konnte von „Hüttenstille" nicht die Rede sein, sondern da war lautes Leben, das immer lauter wurde. Das Rascheln der Mäuse verstummte, und der Ruf der Eule ging unter. Der Rauch aus den Jägerpfeifen wurde dichter und dichter, bis man nur undeutlich noch die Bauernmuster auf dem bemalten Schrank sah oder die drei Bilder, die aus der Manessischen Handschrift, die den Ritter, den Jäger und den minniglichen Zecher mit den Weintrauben darstellen oder die beiden Dürerdrucke von St. Georg und St. Eustachius, die zu beiden Seiten des einen Hirschgeweihes hängen.

Am häufigsten trafen wir uns aber auf dem Freisitz vor der Hütte. Es war zumeist in den Samstagvormittagsstunden, wenn wir ankamen vom Freikehren der Pirschpfade, soweit dies in Hüttennähe geschah oder nach einer Pirsch. Ein herrliches Bild, wenn am Zaun entlang die Jagdgläser und die Gewehre hingen. Dann ließen wir die Finken über unseren Brotlaiben ihr Lied singen und über Wurst und Wein und über den Bildern vergangener Jahre oder den Plänen für die kommenden.

Auch unvergeßliche Abende in warmer Sommerzeit am Freitisch gab's, wenn es dunkler wurde, bis man die Lampe holen mußte, die ganz bald allmögliches Mottengetier groß und klein umschwirrte, wobei es nach Rauch roch und nach gegrilltem Fleisch. Dann konnte es einem zumute sein, als sammle sich hier an dieser kleinen Hütte alle fröhlichmachende Seligkeit im Schutze der schwarzen Wände einer gelinden Nacht, und es tat gut, den Alltag zu vergessen.

52

Über „Einsamkeit" konnte man sich übrigens während der Hüttentage nicht beklagen. Ab und zu kam Besuch von Jagdkameraden aus dem unteren Dorf. Die wußten schon, wann wir Siesta hielten oder beim Freisitz saßen, dann setzten sie sich dazu und hielten mit, wir waren die „Gastgeber" und wollten es so und waren stolz darauf. Oder sie schoben sich am Abend in unseren Bau, Fritz, der ruhige Gesell. Er erschien immer lächelnd mit bedächtigem Schritt und brachte mit diesem Lächeln schon gleich seinen Anteil an Gemütlichkeit und guter Stimmung mit. Von Jugend auf ein Jäger mit Leib und Leben, hat er sich den jagdlichen Eifer bis in sein fünftes Jahrzehnt bewahrt. Er kannte als erster fast alle Böcke und war nie verlegen über guten Rat.

Da kam auch aus dem unteren Dorf der „Waldschrat" mit dem Stecken und schiefen Hut, an dem der Gamsbart bis fast auf die Schultern hing. Er pflegte mit seinen achtzig Jahren alltäglich die Runde zu drehen und nachzusehen, ob an der Hütte noch alles in Ordnung sei. Bei jedem Besuch steckte er zwischen Querschiene und Türholz einen kleinen grünen Laubzweig, so daß manchmal eine ganze Reihe solcher froher Botschaften nebeneinander aufgereiht waren. Ihr Unberührtsein bezeugte, daß die Querschiene lange nicht entfernt worden war.

Das reizte denn auch zu seiner Kritik: „Wos is denn mit eich los, es wor jo schunn lang ka Mensch mehr in de Hütt?" Eine der schönsten Erinnerungen an diesen unermüdlichen Waldläufer verknüpfen sich mit einem Sommermorgen.

Es war in den Tagen, als ich mich von einem recht schwerwiegenden Kranksein erholte, just damals, als ich den Genesungsbock schoß. Ich hatte mir's auf der Bank vor der Hütte gemütlich gemacht, als unser alter Freund den Pfad heraufkam. „No, was ist denn des, ich glab Sie wär'n uff de Jagd, statt zu faulenze?"

„Ja, Dieter Schorsch, ich habe die anderen mal allein gehen lassen, und Martin sitzt auf dem Schleudersitz, und Hilmar ist im Hillakker. Mir selbst war es nach Ausruhen zu Mute. Sie werden bald kommen. Hergesetzt und noch etwas gefrühstückt!" Und wie zur Bekräftigung dieser Aufforderung fiel im Rauhberg ein Schuß. „Das war am Schleudersitz". Kurze Zeit später kam Martin den Hang herab. „Wo ist der Bruch?"

„Ich habe einen Bock geschossen, ich weiß, daß ich traf, aber ich finde ihn nicht."

Bauf! Der Stock vom alten Vadder schlug auf den Tisch. „Do sieht mer die junge Leit! Do schieße se en Bock und finne ihn net!"

Hilmar, der Zieger, kam gerade zur rechten Zeit mit Zoltan, seinem unvergessenen Verlorensucher. „Kriegen wir schon, kriegen wir schon". Auf geht's zum Schleudersitz, ich wartete an der Hütte. Bald kamen sie wieder mit einem – Spießbock – ich hatte ihn nie gesehen, ein prüfender Blick auf Gehörn und Kiefer, auf Haupt und Gebäude. „Der ist kein Jüngling mehr", sagte der erfahrene Mann.

„Eine geschlagene Stunde trieb sich der Bock um meinen Sitz herum", versicherte Martin, „und ich schoß ihn nicht, weil ich mir nicht klar über sein Alter war".

Ich zwinkere ihm heimlich zu: „Und eine Stunde brauchst Du dazu, um mir einen braven Jährling totzuschießen?" Im gleichen Augenblick fährt Vadder herum. Seine kleinen Augen blitzen mich an. „Jährling? Jährling? Ja sehe Sie denn net, daß der kan Jährling ist?"

„Natürlich ist das ein Jährling!" Der Vadder dreht sich weit im Kreis und sieht sich hilfesuchend nach anderen um. „Ja steht mir denn keiner bei? Mer sollt's net maane! Des is ein doch mindestens dreijähriger Bock!"

So trieben wir den Schabernack noch eine Weile fort, weil mir der Schalk im Nacken saß. Als aber der alte Freund immer aufgeregter wurde, reiche ich ihm einen Becher mit Wein. „Da, Vadder, trinkt, der Bock hat gut und gern seine drei Jahre!" „Oh weh, oh weh, Ihr regt mich uff. Des sieht mer doch, daß des kan Jährling ist. Manchmal ist's auch kein Fehler, einem alten Mann zu glauben! Nach so einem Disput muß mer sich wahrhaftig emol stärke! Prost, ihr Jungen". „Prost, Vadder". Eine kleine unwichtige Episode nur, aber eine von denen, die man ob ihrer ganzen Situationskomik nicht vergißt. „Das kimmt in's Buch", sagt der alte Freund und knallt den leeren Becher auf den Tisch.

Hier schließt sich der Kreis von Erinnerungen, während ich in der Hütte nach gelungener Jagd auf das „Flammenschwert" das Gewitter abwartete. Es entfernte sich unter gelegentlichem Grollen nach Norden, und der schwere Regen hörte auf. Es war an der Zeit, die

Hütte wieder dicht zu machen, den von schrägen Schauern doch
noch naß gewordenen Bock vom Dachsparrennagel zu nehmen und
in stiller Freude heimwärts zu ziehen.

Auf den Hirsch!

Anfang Herbst 1944: Im Vorland der Karpaten standen zwei junge
Männer im feldgrauen Rock und schauten über ein breites Tal
schweigend hinüber gen Westen. Die Sonne war gerade untergegangen. Jenseits der weiträumigen Senke erhob sich des Gebirges erste
große Wand in fichtenbestandener Schräge, von dunkelnden Wald-
tälern durchsetzt, die sich weit hinten zwischen den Höhen verloren. Nach einer Weile des Schweigens sagte der eine: „Jetzt schreien
daheim die Hirsche." Und wir, die Zwei im Feldgrauen Rock, fühl-
ten, wie das Heimweh in uns hochkroch, das urtümliche, nicht zu
beschreibende, einfache Heimweh.
Wie oft war ich in Bubenjahren schon in meinem Odenwald des
Abends zum Eulbacher Park gewandert und in späteren Jahren mit
dem Rad in die großen Erbach-Fürstenauischen Reviere neckarwärts gefahren, um hineinzuhören in die Wälder und Lehnen, aus
denen ein heller oder tiefer Schrei zu hören war. Ihr kalten, mond-
hellen Nächte! Schweigsam und voller Geheimnisse und nur belebt
vom Orgeln aus brunftigen Kehlen, hie und da aufsteigend aus ne-
beldurchschimmernder Halbdunkelheit!
Viele Jahre sind seitdem vergangen. Viele Jahre ging ich zur Jagd auf
den roten Bock und auf die grobe Sau. Der Schuß auf den Hirsch
aber war ein unerreichbares, aber doch so sehnlichst begehrtes Ziel
geblieben. Dann hatte die Vermittlung eines lieben Bekannten, den
ich – auch anderer Gründe wegen – nie vergessen werde, mir eine
Fahrt ins Hochgebirge ermöglicht. Ich hatte sie angetreten mit Martin, dem treuen Anverwandten und allseits zuverlässigen Mitjäger.
Er sollte dabei sein.
Durch stundenlangen Nieselregen ist die Anfahrt wenig erfreulich,
die Ankunft am verabredeten Ort noch weniger. Der Jagdherr ist

nicht da. Wir sind ein wenig zu früh. Die Jungfer in der Gaststätte säubert ungeduldig die Tische, offensichtlich noch müde von der vergangenen Nacht. „Wo ist denn der Chef?" „Der ist fort." „Wann kommt er wieder?" „Auf d'Nacht!" – Heiliger Hubertus hilf! – „Wo ist der Jagdherr?" „Der ist auch fort." „Wohin?" „Auf d'Hütten!" „Wann kommt er wieder?" „Der kommt überhaupt nimmer!" – Heiliger Hubertus hilf zum zweiten Mal! Auf d'Nacht, auf d'Hütten, überhaupt nimmer! Das konnte gut werden.

Endlich kam der Jagdherr doch noch, und es gab auch im Gasthof des nächsten Dorfes, unmittelbar vor der Fahrt durch das Tal, das sie den „Graben" nannten, ein letztes Treffen mit einem anderen Gast und mit einem Umtrunk, der unser Jagen auf seine Weise zünftig eröffnete. Der Gastgeber ließ sich durch den Regen nicht verdrießen. „Hochbrunft! Hochbrunft!" rief er begeistert, als er meinen zweifelnden Blick durchs Fenster bemerkte. Angelika, die Emsige, kam herbei. „Beaujolais?" Probeschluck! „Baßt!" „Waidmannsheil!"

Inzwischen hatte der Regen noch zugenommen, und es war darüber dunkel geworden. Der Beaujolais schmeckte immer noch, denn wir mußten auf den Unimog warten, weil der geröllvolle Graben mit einem bürgerlichen Wagen nicht zu befahren war. Würde er kommen? Würde er wirklich kommen? Dem Gast, dem kleingläubigen, kam alle Hoffnung ein wenig gewagt vor. Doch der Unimog war bei der dritten Flasche da. Umpacken! – Dann konnte eine sagenhafte Fahrt beginnen.

Der Regen goß, Schnee mischte sich dazu. Es war inzwischen rabenschwarze Nacht. Ich saß auf offener Pritsche des Anhängers zwischen Rucksäcken zusammengekauert, den Hut tief in die Stirn gedrückt, und ließ Schnee und Regen über mich ergehen. Ab und zu rieselte ein kleiner Bach über die Hutkrempe. Martin, mir gegenüber, und weiter links ein anderer Jägersmann, sie sahen nicht glücklicher aus. Manchmal huschte ein Felsbrockenüberhang, von den Lichtern des Fahrzeuges kurz aufgehellt, dicht an meinem Kopf vorbei, herunterhängende Zweige streiften mich. Keiner der Aufgesessenen sprach ein Wort. So „hotzelten" wir mit nickenden, wippenden Köpfen hin und her geschaukelt, stumm in diesem Schnee-Platzregen dem Ziele zu. Dann war es soweit. Kurze Rast in der unteren Hütte, dann Aufstieg zur oberen, unserer Behausung für die nächsten Tage. Drinnen brannten milde Erdöllampen, dicke Rauchluft stand im Raum, einige knorrige Gestalten saßen am Tisch. Vorstellen, Händeschütteln. – Da wären wir also gekommen, wir Flachländer aus dem Norden, die „an Hirsch schiaßen" möchten.

Unser Öllampenlicht wurde schon ganz trübe, als wir nach vorbereitenden Gesprächen endlich zur Ruhe gingen. Da lag ich denn und fand mich in der Giebelkammer einer Jagdhütte, der Heimat so fern und einer lange, lange ersehnten Wirklichkeit so nahe. Draußen wußte man die Berge als die gewaltigen Hüter des Tales, und aus dem nahen Graben scholl in ewiger Ruhelosigkeit das Rauschen des Wassers über das klobige Felsgestein.

Und dann war endlich die Nacht vorüber. Es klang wie eine Erlösung, als der Oberjäger Franz die Kammertür aufstieß, das flackernde Licht in der Hand. „Auf zu Gott!" – In der Küche waren die anderen schon versammelt: der Jagdherr Egon, der Oberjäger Franz und – im Unterschied zu ihm – „Franzel", ein kleiner, derber Waldläufer, der Hubert und die hübsche Hüttenfrau Grete. Es polterte auf den alten Dielen und rumpelte im Gang. „Magst vor dem Aufbrechen noch einen Obstler?" – Wir waren schon ein wenig spät, denn der Morgen graute bereits. Das hatte aber auch sein Gutes. Man konnte sich doch ein bißchen zurecht finden. Waren wir ja bei Dunkelheit angekommen, und die Landschaft um uns hatte bis jetzt nur in unserer Phantasie gelebt. Gespannt warteten wir darauf, sie richtig kennen zu lernen. Die Hütte, ein verlassener kleiner Einödhof, lag auf einer kleinen Wiese. Hinter ihr zog sich der Hang am breiten hohen Berg hinauf, bewachsen mit einem Gemisch aus Rauschern, Altholz, Jungkiefernstangen, Jungkulturen und von Blößen unterbrochen, der Hang also, der mir voller Verheißung erschien und auch voller Geheimnisse.

Langsam ging es bergan. Der junge Fichtenwald dampfte noch vor Nässe, obwohl der böse Schneeregen inzwischen sogar aufgehört hatte. Harzgeruch stieg in ihm auf, und die Feuchtigkeit hielt sich klamm an tropfenden Zweigen fest. Ein Wildbach rauschte und murmelte zu Tal. Wir mußten ihn auf groben Steinen überqueren. Sein Plätschern und Prodeln begleitete uns dann noch manchen Tag. Die erste steile Stelle des Hanges wurde auf kleinen Treppenschritten überwunden, dann war man endlich im geschlossenen Wald untergetaucht, wo man das Rotwild um sich wußte und wo in feuchten Sandstellen die Fährten der Hirsche standen. Vereinzelt kam hier und dort ein Schrei von den Hängen. Welch ein beglückender Eindruck!

Die beiden Jagdgenossen waren bald verabschiedet und verschwanden bergwärts im Dunst. Ich mußte mit Franzel erneut den Bach überqueren auf einen schmalen Rücken, auf dem drei schwankende Lärchenüberhälter standen. Sie waren der Rest von einem frisch geschlagenen Waldstück und bogen sich gewaltig im Morgenwind. Zwischen ihnen hing wie ein zerzaustes Nest eine Kanzel, Überbleibsel aus guten Tagen, inzwischen von Wind und Wetter ein wenig mitgenommen. Es dauerte eine ganze Weile, bis man sich auf diesem unsicheren und luftigen Gehäuse etwas zurechtgefunden hatte, denn es wiegte sich wie der weitausholende Mastkorb eines alten Seglers, der in einer steifen Brise hin- und herpendelte.

Aber man war nicht auf dem Meer, sondern auf einem Hochsitz im Hirschrevier, daran mußte man sich bei dieser ewigen Schaukelei erst ein wenig gewöhnen. Nichts war zu sehen. Immer kälter wurde der Wind. Neuer Schnee kam auf, und in diesem kalten Wind trieb es die Flocken waagrecht. Noch keine Stunde war vergangen, bis die Kälte durch die Kleider drang. Wenn solche Windböen dieses Schneewassergemisch umeinander peitschen in unsteten Wirbeln, so daß es von Augenbrauen und Wimpern nur so träufelt, dann wird es unwirtlich in der sonst so geliebten Natur. Sie wirkt wie eine Bedrohung, und der Mensch muß sich wie vor Jahrmillionen schon in den Schutz einer Höhle verkriechen. Nach einigem Zögern ging es denn auch die Leiter wieder hinunter, vorsichtig am schwankenden Mast, über den Bach und abwärts zur Hütte. Wie wohl die wärmende Klause tat! In neuen warmen Kleidern taute man allmählich auf. Der Tag des Wartens auf besseres Wetter wurde lang. Gegen Abend gehen die Wolken auseinander. Ich soll mit Franzel zum „Buchensitz" hinauf. Der zähe Waldläufer eilt mir leichtfüßig voran, ich kann ihm kaum folgen. Es geht in die Quere ohne Weg, dann aufwärts durch ein Erlengesträuch, wo moosbedeckte runde Steine den Füßen heimtückische Fallen stellen, denn diese eiligen Füße rutschen oft ab und bleiben zwischen anderen Steinen eingeklemmt.

Hier ist ein breiter Stamm zu überklettern, der wohl schon lange hier liegt und wie im Urwald langsam in sich zusammenfault. Dort kommt wieder ein Steilstück, an dem man sich hochhangeln muß, indem man sich an Zweige klammert und an abgegriffenes Wurzelwerk. Die Pulse fliegen, und der Atem keucht, aber Franzel gleitet voran wie ein Schatten und muß des öfteren warten, bis der Mittelgebirgler nachgekommen ist. Da gibt es kein Trösten. Will denn das Erlengehölz kein Ende nehmen? Die flechtenumstrickten Silberstöcke sind glitschig und geben wenig Halt. Nasse Zweige streifen die Stirn, und immer wieder gleiten die Füße an den Steinen ab. – Endlich wird es ein wenig trockener, dafür umso steiler. Die Sohlen müssen Tritte suchen auf denen sie genügend Platz finden, die Hände krallen sich ins Heidelbeerkraut. Endlich sind wir oben. Die Buche, die den Buchensitz trägt, steht mitten auf einer verhältnismäßig kleinen Blöße, aber es soll sich hier gerne Wild aufhalten, und später sollte dieser Buchensitz auch für mich von besonderer Bedeutung sein. An diesem Abend aber bleibt alles ruhig. Unsere Eile war bestimmt nicht gut, denn so ein Aufmarsch müßte eigentlich lautloser sein, man kennt das Mißtrauen des Rotwildes, das vielleicht schon längst windend und lauschend aus der Dickung heraus unseren Weg verfolgte. Der Abstieg ist nicht weniger gefährlich. Aber Franzel ist erbarmungslos. „Do muß ma halt e bissel vorsichtig san." Er poltert federnd den Hang hinab, die Steile hinunter und wieder durch der Erlenbüsche glitschigen Hinterhalt. Zur Unsicherheit des Weges kommt noch die Dunkelheit hinzu. Endlich stehen wir aufatmend vor der Hütte. Die Lampe strahlt wieder ihr warmes Licht in den Raum, aber ich muß bald schlafen gehen. Vorerst muß man sich ein bißchen entspannen.

Wenn man nach erfolgloser, strapaziöser Pirsch nach Hause wandert, ist die Lust nach einer ruhigen Stunde doppelt groß. Die Nacht hat sich über den Wald geneigt, man erkennt die Stämme nur als schwärzliche Schemen. Märchengeister begleiten den Schritt, und da vorn steht das goldene Fensterlicht und leuchtet einem entgegen mit einer lieblichen Ruh. Dann weiß man, daß bald ein wärmendes Gehäuse einen in seinen Schutz nehmen wird, daß der Geruch von Brot und würziger Wurst mit leichten, eben spürbaren Rauchschwaden eines Holzfeuers durch den Raum zieht. Man läßt sich hinplumpsen auf die Eckbank in gesunder Müdigkeit. Dann langt man hin nach der verdienten Atzung, nimmt einen erfrischenden Schluck von Obstler oder Wein. Schön wär's, hinge draußen im Gesträuch über dem Murmelbachbett der Hirsch. Aber was soll's! Die Jagd auf ihn mit allem, was sie schmückend belebt, macht allein schon glücklich. Wie glückvoll und reich kann die Welt des Jägers sein!!

Das alles überdenke ich noch einmal, während ich oben in der Giebelstube liege. Doch der Schlaf will nicht kommen. Ich bin noch zu durchgerüttelt von der jüngsten ungewohnten Belastung in einem anderen Land mit seinem anderen Klima.

Jagdtage gehen schnell vorüber. Sie können bei aller Schönheit, die ihnen eigen ist, auch enttäuschend sein, wenn man pirscht und pirscht und ansitzt und ansitzt und nichts anderes sieht als das langsame Alttier, das in den Latschen äst, während sich das Rudel im Dickicht verborgen hält. Man sieht auch den einen oder anderen Hirsch, der nicht jagdbar ist.

Und so kam der letzte Morgen heran. Oberjäger Franz hat großes Vertrauen in uns. „Heute geht ihr allein noch einmal hinauf zum „Einersitz". Von dort bis zur Einzeleiche, die mitten auf der Blöße steht, sind es hundert Meter, und bis zum Kiefernüberhälter weiter oben sind's zweihundert. Daß ihr's wißt! Weiter zu schießen mit der 8x57 ist nicht ratsam."

Beim Abmarsch ist es schon ganz hell. Es wird halt nur ein endgültiges Lebewohl geben mit vertrauten Wegen, Steigen und Stufen. Jagdlich ist eigentlich nichts zu erwarten. Man kann sich noch einmal zwanglos der Schönheit von Wald und Landschaft hingeben. Da ist die alte Kiefer wieder, die so malerisch vor dem Waldrand steht, und an der man so oft vorbeigegangen ist. Heute hat man Zeit, ihr stolzes, weitverzweigtes Astwerk zu bewundern. Da kommt auch gleich der Ausblick auf die jenseits des Baches gelegene Blöße, der die von Franz beschriebenen Bäume die Schußentfernungen markieren. Schnee vom letzten Unwetter liegt noch darauf, und hie und da sind apere Stellen eingestreut. Ich sehe ein wenig achtlos hinüber. Wo soll zu dieser Stunde noch Wild herkommen? Es ist ja völlig hell, und die Rudel werden längst in ihre Einstände eingezogen sein. Weiter geht's. Ein kleines Gehölz verwehrt mir den Ausblick.

Fünfzig Meter hinter mir kommt Martin nach. Plötzlich höre ich ihn leise zischen. Er deutet aufgeregt zur Blöße hinaus. Der Hirsch! Durch eine Zweiglücke kann ich einen starken Hirsch erkennen, auf den ersten Blick alt und jagdbar, kein Kahlwild um ihn, klotzig und breit steht er da. In solchen Augenblicken geht es wie ein Funkenschlag durchs Gehirn. Was tun? Zu Martin zurück, hangabwärts, hingeworfen und hinübergeschossen? Oder hinauf zum Hochsitz, von dem man wieder Ausblick haben wird? Droben steht die Kanzel greifbar nahe. In schnellen Sätzen bin ich an der Leiter. Rucksack voraus! Ich fliege mehr die Leiter hinauf als ich steige und sehe atemlos auf die Blöße, sehe gerade noch, wie die hellen Keulenstreifen des Hirsches in einer Lücke der nahen Dickung verschwinden. „Kruzitürken!" Noch aber scheint nichts verloren! Die Dickung weist große Lücken auf. Wenn der Hirsch querzieht, muß er auf einer von ihnen wieder erscheinen. Die Spannung ist unheimlich. Wo bleibt der Hirsch? Martin ist inzwischen bei mir. „Mensch, was ein Hirsch! Hast du ihn denn nicht früher gesehen?" „Nein, ich habe ihn nicht gesehen. Das kommt davon, wenn man das Glas nicht zur Hand nimmt." „Vielleicht stand er gerade auf einer schneefreien Stelle und hob sich deshalb nicht vom schneebedeckten Hintergrund ab." „Vielleicht kam er auch gerade in dem Augenblick aus dem linken Dickungsrand auf die Blöße gezogen, als ich schon wieder hinter dem Buschwerk war." Weiß einer, wie ausgreifend der Schritt eines Hirsches sein kann? „Ein Bock hätte wenigstens ein wenig verhalten, hätte vielleicht am Blattwerk oder an den Spitzen der Verjüngung gezupft. Das hätte mir gereicht."
Während wir so reden, bewegt sich am Hang der obere Rand eines breiten Gesträuchs. Die Äste wanken hin und her. Und dann erkennen wir, daß es nicht ein Gesträuch ist, sondern das weitausladende Geweih des aufwärts ziehenden Hirsches mit seinen langen ausgereiften Sprossen ohne Krone mit einer sagenhaften Auslage. Langsam schiebt sich der übrige Körper auf einen Kahlschlag hinaus, und nun sehen wir auch das begleitende Kahlwildrudel. Der Hirsch war spitz von uns fortgezogen, immer von halbwüchsigen Fichten und Laubgehölz verdeckt. Jetzt steht er droben frei und breit jenseits der Zweihundertmetergrenze, die der angezeigte Baum markiert. Meine

liebe, gute, alte Büchse, der ich den Sommerkeiler verdanke und das Gespenst und so manchen braven Bock, jetzt bist du zu schwach für einen Schuß! 8x57 reicht nicht bis dort hinauf, ich müßte aufs Geradewohl über den Hirsch halten. Aber Wissen geht vor Schätzung. Es ist ein herrliches Bild! Droben hinter dem Kahlschlag steht schwarz der Rand eines Fichtenaltholzes. Die Bäume, die die schweren Saumäste trugen, wurden irgendwann einmal gefällt. Man sieht deshalb in die dunkle Halle des Hochwaldes hinein, in dem sich die braunen Stämme recken wie die Säulen in einem Saal. Und davor steht ruhig und breit der silbergraue Hirsch! Durchs Zielfernrohr kann ich ihn gut ausmachen. Still steht der Punkt meines Absehens 5 auf dem Blatt. „Ach, Martin! Ach, Martin! Sieh du einmal hindurch! Sieh dir das an!" „Dreihundert Meter werden es sein, mehr nicht." „Der würde den Schlag nicht hören! Und ich tu's nicht!" Im Verzichtenkönnen zeigt sich erst der Jäger.

Die Zeit wird lang, bis sich die Tiere langsam aus ihrem Herumstehen in Bewegung setzen, der Dickung zur Rechten entgegen, eins ums andere und wie dann endlich der Hirsch als letzter mitzieht und verschwindet! – Ich aber mag nicht mehr. Ich möchte nur noch heim zu der Hütte. Dort gibt es ein großes Erzählen. „Es war schon richtig," meint Franz, „daß du nicht geschossen hast. Erst recht in der Brunft muß man seiner Sache sicher sein."

Nach dem Essen sitzen wir vier auf dem Freisitz und ich genieße noch einmal das große Panorama der Berge um uns. Keiner sagt etwas. Frau Grete ist über ihrer Stickerei. „Wir müssen wenigstens noch ein paar Bilder machen", sage ich und gehe ins Haus. Als ich wieder herauskomme, bemerkt Grete: „Da oben ist auch wieder der Adler" und zeigt mit ihrer Nadel nur so in den Himmel, ohne von ihrem Stickrahmen aufzusehen. Fast senkrecht über uns kreist ein schwarzer Punkt, der in seiner Bewegung manchmal deutlicher wird, an bestimmten Stellen seiner Kreise aber kaum sichtbar ist. Glas heraus! Recht mühsam ist es, ihn einzufangen. Und dann sehe ich „ihn" in seiner ganzen souveränen Erscheinung. Schwebend zieht er eine große elliptische Bahn, ohne Flügelschlag, wird schneller und schneller, wirft sich dann herum in den Aufwind, indem er mit klafternden Schlägen an Höhe gewinnt, wobei die weißen Unterschwingen silbern in der Sonne aufblitzen. Dann geht er mit dem

Wind wieder davon, gleitend, ausholend in die nächste große Elipse, holt sich von neuem Schwung und wirft sich mit aller Kraft gegen die Luft. Und jedesmal, wenn er mit mächtigen Flügelschlägen fast senkrecht aufwärts halb auf der Seite liegend, an Höhe gewinnt, erscheint dieses silberne Aufblitzen seiner Unterfedern. Ich bin gefesselt von diesem wunderschönen, eindrucksvollen Flugbild. Dieser Anblick wird immer gegenwärtig bleiben, des Steinadlers stolzer Flug, der riesige Fächerschwung und seines Untergefieders Silberglast.

Der Nachmittag kommt. Auf dem Bett, das mir so manche Nacht mit Wachen und Träumen als wohltuende Lagerstatt diente, ruhe ich noch ein wenig aus. Im Ofen zu meiner Linken ist's still. Manchen Abend hat er geprasselt, wenn wir unser nasses Zeug auf Stuhllehnen um ihn herum zum Trocknen aufhängten. Dort auf der Kommode stehen Photoapparat und Glas, dort liegen Feldflasche und Patronentasche, die nun bald wieder im Reiserucksack verschwinden müssen. Am breiten Gürtel hängt das Waidmesser. Es ist leider blank geblieben. Wirst wieder mit mir auf die Heimreise gehen, ohne ums Herz eines Hirsches gefahren zu sein. – Kehren wir mit leeren Händen heim? Wir bringen keinen Hirsch mit, aber eine Welt voll schöner unsichtbarer Andenken.

Ein neuer Herbst kam herbei und mit ihm die Fahrt in das gleiche Hirschrevier, mit Martin natürlich. Wieder fuhren wir durch den „Graben" – dieses Mal war er mit dem PKW befahrbar – urige Wildnis mit schon bemoostem Fallholz an den Hängen, mit den Felszakken, die Engpässe machten und mit dem Strom sprudelnd hüpfenden Wassers, dessen bekanntes Rauschen sich in den Erlensäumen murmelnd verlor. Mit dem ersten Morgen unseres Aufenthaltes begann für mich ein bedeutungsvoller Tag, denn ich sollte zum ersten Mal zum Dreiersitz hinauf, jenem ominösen Sitz weit oben im Berg, von dem aus schon so mancher Hirsch beschossen worden war.

So steige ich denn mit Franz, dem verläßlichen Führer, hinauf. Die Sonne scheint zu warm für die Brunft. Das harte Untergras im lückenhaften Jungwald ist brottrocken, die Hirsche sind unlustig und faul, kein Orgeln ist von den Lehnen zu hören, kein Schrei dringt über Halden und Hänge. Der Pfad führt am „Einer" vorbei. „Denkst du noch an den Eissprossenzehner? Aber es war gut, daß ich ihn nicht schoß, lieber Franz, sonst wäre ich jetzt nicht da, und daß ich wieder da sein darf, ist mir ein großes, großes Geschenk. So lieb und wert ist mir das alles hier, die Berge, mit dem, was darin lebt, und die Hütte mit euch, alles was da durcheinanderwächst in seiner malerischen Willkür – und darüber der Himmel mit dem Adler." „Wir wissen es wirklich in unserem Alltagsdenken nicht, was wir hier eigentlich besitzen, aber manchmal kommt's schon durch, und wir sind dessen froh!"

Der Wald, an dessen Abfall zur Bachschlucht die starken Fichten stehen, unter deren Deckung man zu dem „Greifensitz" hinunterschauen kann und nach den Blößen, die vor ihm ausgebreitet liegen, lichtet sich schnell zu einem weitgestellten Jungkiefernschlag, der steil nach oben geht. Der Pfad verliert sich hier in den Gräsern und führt nicht selten nur treppenartig weiter, wo Bergstock und Füße tasten müssen. Es wird einem warm, und der Rucksack mit den wollenen Sachen ist eine drückende Last. Aber man wird seinen Inhalt brauchen können, wenn es auf den Abend zugeht. Auch das Glas wird lästig und erst recht das Gewehr, der gute Kamerad. Ich habe dieses Jahr ein neues mitgebracht, ein besseres mit Kaliber 7x64. Mit dieser Waffe wäre mir der Hirsch vom vorigen Jahr nicht ausgegangen. Wer aber von uns Odenwäldern weiß das vorher? – Wir kommen an ein kleines Steingeröll, das wir überqueren müssen und stehen wieder am Rand einer Schlucht, wo sie anfängt, sich in den Berg zu graben, und wo der Bach die vielen Rieselwasser einsammelt, die von allen Seiten unter dem Heidelbeerkraut hervorquellen. Von hier beginnt das Gefälle der einzelnen Quellen, und formiert sich zum Plätschern, das weiter unten mit seinem Rauschen wie eine große Melodie im Tale steht, Tag für Tag und Nacht für Nacht und Jahr für Jahr.

Hier muß eine Weile gerastet werden. Wir streifen das Gepäck von den Schultern und werfen uns auf eine kahle Waldbodenstelle, die von der Herbstsonne beschienen ist. Vor uns breitet sich die Bergwelt aus in ihrer stummen Größe, zeitlos, den Menschen aus ihrem Glück entwachsen und aus ihrer Sorge gelöst. Und wir beiden liegen für ein paar Augenblicke an ihre Seite gelehnt, wie an die Brust eines mächtigen Bruders, aus dessen Dasein Gottes ganze über der Erde liegende Obhut spricht. Man spürt hier oben deutlicher als drunten

im Durcheinander der Welt, daß diese Obhut weit hinausreicht bis in die Straßen menschlicher Betriebsamkeit und über die Dächer, unter deren Ziegel Lachen und Weinen so nahe beieinanderstehen und das Jauchzen und die Furcht. „Franz, wir sind weit weg von der Welt, unendlich weit weg. Ich weiß, wenn es nachher Abend wird und die anderen Stimmen alle schweigen, wenn die Vögel verstummen und das Fächeln des Windes sich legt, wenn dort hinten der Himmel in kaltviolette Farben dunkelt und diese Berge wie schwarze Scherenschnitte vor den kalten, letzten Lichtern stehen, dann – denke ich mir – wird man ihn hören können, den langsamen Herzschlag, mit dem unser Dasein unaufhörlich dahingeht. Es geht weiter und kümmert sich nicht um all unsre Sorgen und um die Angst, die aufkommt in den Stuben, in denen die Menschen wohnen, die Furchtsamen und auch die Unbesonnenen." Vom jenseitigen Gipfel kommt eine tiefe, heisere Stimme. „Hörst du ihn, den Alten vom Berge?" Leicht klingt das Klopfen des Bergstockes ins gilbende Kraut. Zum langen Nachdenken ist jetzt nicht die rechte Zeit. „Komm jetzt," mahnt Franz, „wir sind bald da." Im Sprung geht's über den Bach hinüber, danach müssen wir uns hochziehen an Jungkiefern und alten Kiefernwurzeln, die sich wie bizarre Arme uns aus dem Erdreich entgegenstrecken und finden uns endlich in einem weiten, dämmerigen Altfichtenbestand. Der Hang verläuft ein wenig geneigter, man sieht wieder einen Pfad, der an eine Stelle führt, die aus dem übrigen Waldrand etwas vorragt als Ausläufer in eine große Blöße hinein. Franz dreht sich schwer atmend nach mir um. „Da sind wir!" Ich muß mich erst einmal orientierend umschauen. Vor mir stehen zwei riesige Fichten, die mit einer nicht weniger starken Lärche eine majestätische Dreiergruppe bilden. Um ihren Fuß ist der Waldboden blank getreten und fast eben, ein rechter Rastplatz. Und da beginnt auch eine Leiter. Sie steht fast senkrecht und verschwindet in ein Durcheinander armdicker Äste hinein. Oben, ach wie weit droben, endet sie in einer Art von Einschlupf, der wie die Unterseite eines Eichkatzenkobels zwischen den Stämmen hängt. So! Das ist der berühmte „Dreier", das große für mich so wichtige Ziel.
Zunächst geht es an das bekannte Umziehen. Wir richten uns her für einen langen Ansitz, der Kühle bringen wird. Franz klimmt zuerst hoch. Er zieht die Rucksäcke vorsichtig hinter sich her, dann ist er

im Kobel verschwunden. Gewehr übers Kreuz! In die Hände gespuckt! Die ersten zehn Leitersprossen sind fest und haltversprechend, allmählich aber laufen die Holmen gegeneinander zu, und es gibt einige Sprossen, die sich unter der Last des Fußes elastisch ein wenig biegen. Wie hoch ist es denn noch? Für einen, der gewöhnt ist, nur auf niedrige Rehbockkanzeln zu steigen, verursacht diese Höhe schon ein Kribbeln unter der Haut. Weiter, immer weiter! Wären nur die Abstände von Tritt zu Tritt nicht so hoch. Da haben sie mit Sprossen und mit Arbeit gespart, die Burschen, und das ist das Üble für den, der diesen Horst zum ersten Mal erklimmt. Immer weiter! Die Holmen kommen jetzt ganz nah an die Stämme, wo sie sich fast berühren, und das ist auch ihr Ende. „Gib's Gewehr her!" Dann ziehe ich mich in den Einstieg hinein und lasse mich aufatmend auf der Sitzbank nieder.

Staunend sehe ich mich um. Franz sucht schon mit dem Glas die Blöße ab, die sich wie ein gelbbrauner Teppich im weiten Bogen hangaufwärts schwingt. Zur Linken kommt der Wald, durch den wir vorhin geklettert und gestolpert sind, fast an den Hochsitz heran und schiebt sich dann bergwärts. Die Blöße ist mit allerlei Gräsern bedeckt, es finden sich dazwischen auch kleine Anflugbirken, kniehohe Fichten, Brombeer- und Himbeerranken, Vogelbeerstauden und blühendes Heidekraut, Wollgras und Distelblumen. Ein herrliches buntes Bild! Ein paar Lärchenüberhälter sind auch da, die wie die Pfeiler geborstener Tempel in der Runde Wache stehen. Ich werde wohl nie wieder auf eine Kanzel steigen wie auf diese, die wie ein Greifvogelhorst so hoch im Geäst der Bäume klebt. Das allein schon lohnt die Mühe des Aufstiegs. Hier läßt es sich aushalten.

Die Stunden vergehen, aber kein Wild ist zu sehen. Der Himmel bleibt leer, die Adler sind anderswo. Um Mittag steigen wir ab auf den Rastplatz am Fuße der Leiter und halten Brotzeit. Hingelümmelt lassen wir die Uhren stillstehen und genießen, vom Jagdlichen ganz abgesehen, was Urlaub ist. Nachdem wir die Glieder etwas ausgestreckt haben, geht es wieder in den Horst. Die Sonne wandert tiefer, es will schon dämmerig werden, als ich halbrechts über dem Blößenkamm ein großes Stück Wild herüberwechseln sehe. Im Glas erkenne ich es genauer: ein an Wildpret besonders stark erscheinender Hirsch, das Geweih in guter Auslage, die Stangen massig. So kommt er gelassen durch das hohe Gras mit langsamen, aber weit ausgreifenden Tritten wie ein junger Stier, der einen Weidehang herabzieht und sich bei jedem Schritt gemütlich in seine Hufe fallen läßt. „Mensch, das ist ja der alte Achter." „Ist er nicht zu gut oder eben noch zu jung?" „Nein, nein, der ist schon gut, wir kennen ihn, der wird nicht besser, den sollst schiaßen. Mach dich fertig!" Hier und da sieht man auch ein Tier zwischen den einzelnen Jungbuchen erscheinen. Aber das Rudel verhält in vierhundert Meter Entfernung und beginnt sich dort oben einzuäsen. Der Hirsch steht wie unschlüssig herum und äugt geradezu gelangweilt in die Gegend, auch Franzens Ruf reizt ihn nicht. Ach, käme er doch das kleine Stück noch bis zu jener Lärche! Er macht es nicht und tut sich nach einer Viertelstunde nieder. Wir warten und warten. Die Wildnis hat so unendlich viel Zeit. Die Sonne ist merklich tiefer gegangen, und der Bäume „gigantische Schatten" legen sich in wachsender Länge auf der Blöße gelbbraunes, grüngetüpfeltes Tuch. Der Hirsch rührt sich nicht. Auch einige Tiere haben sich niedergetan. Sie werden da oben die Nacht verbringen. – Uns bleibt nichts anderes übrig, als uns aufzumachen, damit wir noch bei einigermaßen guter Sicht die schwierige Grabenstelle hinter uns bringen. Drunten im Tal ist es schon fast dunkel, die Wälder verlieren sich in dunstigem tiefblauen Grund. Auch die Hütte kann man nur eben noch sehen. Man erkennt sie als weißlichen Tupfen auf einer Terrasse. Wie war die Welt am Tage noch so trunken von Buntheit und Licht, und wie anders erscheint sie jetzt! Aus dem Tal steigt die Nacht herauf wie ein Tuch, mit dem das Land sein Angesicht verhüllt. „Komm, Franz, laß uns gehen!" Ich bin ein wenig traurig.

So sind wir noch drei Tage lang herauf gestiegen. Am vorletzten Tage meines Aufenthaltes lassen wir Rucksack, Glas und Büchse einfach oben im Adlerhorst hängen. Der letzte Abend! Auch heute wird das Warten wieder lang. Außer einem Schmaltier mit Spießer und zwei Rehen sehen wir kein Wild. Schon spürt man an den aufklingenden Schwarzdrosselliedern, daß der Nachmittag zur Neige geht. Da fällt unten – es muß in der Nähe des ersten Hochsitzes sein – ein Schuß. „Da war Kugelschlag dabei." Noch ein Schuß! „Wieder Kugelschlag, auf was werden die da unten ballern?" Die altbekannten Jäger hatten sich auch alle wieder eingefunden. „Die werden mir doch den Ansitz nicht verderben?" Aber insgeheim habe ich die Hoffnung, daß die Schüsse, sollte der Hirsch weiter unten stehen, ihn zu uns treiben. – Wir spähen und warten, die Gläser gehen abwechselnd hoch. Nichts zu sehen auf dem weiten, weiten Blößenfeld. Plötzlich taucht rechts der typisch langgezogene Kopf eines Alttieres mit seinen großen Lauschern auf. Es muß von unten gekommen sein und äugt jetzt verhaltend zurück. Da sehe ich auch schon anderes Kahlwild. Sie kommen in einer Bodenrinne, die die Blöße schräg überquert. „Dort, Franz, dort kommen sie!" „Wo denn?" „Auch der Hirsch ist dabei!" Der gute Franz fiebert an allen Fasern seines Körpers, sein Atem geht unruhig, er schnauft hörbar ein und aus. „Mach dich fertig! Mach dich fertig, da hinten kommt der Hirsch!" Der zieht wiegenden Hauptes zügig hinter dem Rudel nach, das sich jetzt wieder eiliger in Bewegung setzt. „Dahinunter kannst schiaßen! Beeil dich, beeil dich!" Leichter gesagt als getan. Die Büchse tanzt unruhig auf der Lehne des Sitzes auf und ab, an sicheres Zielen ist überhaupt nicht zu denken. „Den schieße ich nicht!" „Warum?" „Weil ich vor Fieber nicht kann, er bleibt mir nicht im Ziel." Jetzt überstürzen sich die Dinge. Kurz entschlossen gehe ich in die Hocke, streife die Fichtenzweige, die als Deckung an der Vorderseite des Sitzes befestigt sind, auseinander, werfe die Joppe über den Querholmen und schiebe das Gewehr darauf ein Stück hinaus. In dieser Stellung kann ich den rechten Ellenbogen auf das rechte Sitzbrett stützen und habe den Lärchenüberhälter, hinter dem meiner Vermutung nach der Hirsch entlang ziehen muß, gut im Absehen. Ich bin plötzlich ganz ruhig und beobachte durchs Zielfernrohr. Ich sehe den Hirsch zwischen den niedrigen Fichten ziehen, jetzt ist er vor der Lärche ein wenig sichtbar, verschwindet hinter ihr und muß nun hinter dem Stamm auf eine kleine Fläche hervorkommen. Er tut es auch. Ich bin meiner Sache völlig sicher. Der Hirsch muß mein sein! Endlich! Der Punkt des Absehens steht hochblatt auf dem breiten, grauen Körper, und ich berühre in aller Ruhe den Abzug. Im Gewehr macht es „klick". – – – Und der Hirsch ist im Wald verschwunden. „Aus!" keucht Franz. Ich drehe mich um und sehe ihm ins Gesicht, es ist weiß wie ein Tuch. „Ach, Franz, was war denn das?" Ich muß in der anfänglichen Aufregung die Sicherung verschoben haben. Die Büchse war gesichert. Jetzt war wirklich alles aus! Vertan die ganze lange Fahrt, der tagelange körperliche, schwere Einsatz, durch Leichtfertigkeit, durch Unachtsamkeit vertan. Wir brauchen Minuten, bis wir uns wieder fangen. Im Adlerhorst ist's plötzlich recht still geworden. Man hört nur unser hastiges Atmen und der Tannenmeisen heimliches Spiel. „Gehen wir!" „Hinunter?" „Hinunter!" Leb wohl, liebes wildes Nest, lebt wohl, ihr Bäume und Gipfel da in der Runde, ihr unruhigen Rinnsale aus Krautwerk und Moos, ihr seid mir alle Freunde geworden in jedweder Gestalt und werdet es bleiben auf meiner weiten Fahrt ins nördliche Land.

Inzwischen ist der dritte Herbst herbeigekommen. Spätnachmittag ist's. Weit weg bin ich von den heimischen Bergen, von der weichen Wölbung ihrer Gipfel und von den Geräuschen der menschlichen Welt. Hier hört man nur das bekannte Rauschen des Baches drunten in der Schlucht und den leisen Wind, der zum Abend aufkommend durch die Fichtenwipfel streicht.

In diesem mittelalten Fichtenschlag pirsche ich langsam bergan. Der Nadelteppich dämpft den verhaltenen Schritt. Da meldet oben im bewaldeten Hang ein Hirsch. Sein Schrei dringt langgezogen herab. Ich weiß, träfe ich mit ihm zusammen, und er wäre jagdbar, dürfte ich ihn schießen. Rundum die Ruhe des Waldes, dort oben im Verborgenen der schreiende Hirsch. Wie soll ich das Gefühl beschreiben, das einem da erfüllt? Unversehens geht ein tiefes Atemholen durch die Brust, und die Finger greifen fester um den Büchsenlauf. Die Jagd auf den Brunfthirsch ist mir erneut vergönnt. Ich will sie bewußt mit allem, was ihr anhaftet, in vollen Zügen genießen. Der Hirsch oben im Ungewissen des Waldes verschweigt. Ich wende mich wieder der Hütte zu, es sollte ja erst einmal eine kurze Eingewöhnungspirsch sein. Morgen geht's erst richtig los!

Diesem hoffnungsvollen Anfang folgten Tage mit wechselndem Anblick, aber kein jagdbarer Hirsch war dabei. Wollte man alle Begebenheiten aufschreiben, käme es nur zu einem Aufzählen, das langweilig wirkt. Schon wollte man verzagen und sogar ein wenig überdrüssig werden ob der vielen erfolglosen Einsätze. Oh ja! Die Jagd im Gebirge ist nicht nur wunderschön, sie ist auch voller körperlicher Anstrengung und Müh'.

Am letzten Morgen „so um zehne" führt mich Franz noch einmal zum Buchensitz. Ich kenne das erste beschwerliche Stück Wegs noch von Franzels Gewaltmarsch her. Ich bin nur mit einer leichten Joppe bekleidet, denn ich möchte zu Mittag ja wieder unten sein, oder Franz kommt mit warmem Zeug zu mir herauf.

„So, du weißt ja Bescheid. Da oben pirschst du im Hochwald hinauf, von Baum zu Baum, aber wirklich von Baum zu Baum, Waidmannsheil!" Fort ist der Franz, ich bin allein und pirsche weiter, „von Baum zu Baum".Pirschen-stehen nennt man das, und es ist weit besser als Pirschen-gehen, denn so entgeht einem selten das etwa niedergetane Wild oder ein Stück, das halbverdeckt zwischen unterständigen Jungbäumen verharrt. – Nun sitze ich also auf dem Buchensitz und sehe mir alles in der Umgebung noch einmal genau an, sehe in den räumigen Hochwald zur Rechten hinein, aus dem ein ziehender Hirsch zu erwarten wäre, sehe in die hohen Fichten zur Linken, prüfe sorgsam die Möglichkeit einer Gewehrauflage oder eines Anstreichens, denn man müßte ruhig sitzen, wenn plötzlich ein Stück vor einem erschiene. Das Gelände nämlich ist wellig, und das spärliche Laub in der Krone der Buche gibt wenig Deckung. – Zwei Stunden der Spannung sind schnell vergangen. Drunten bei der Hütte, man kann es von hier aus sehen, sitzt man beim Mittagsmahl auf dem Freisitz. Ich werde doch nicht absteigen, sonst gibt es vielleicht nur Störung im Erlengesträuch, und hatte überdies der ewige Achter, der hier gehen sollte, nicht die Gewohnheit, auch um die Mittagsstunde auszutreten?

Gegen zwei Uhr sehe ich am oberen Blößenrand eine graue Bewegung. Da kommt doch der Hirsch, „Puffer" genannt, nach seinem seltsamen Geweih. Es besteht aus zwei Stangen, die in Lauscherspitzenhöhe plötzlich aufhören und in zwei Platten enden und deshalb wie die Puffer eines Eisenbahnwagens aussehen. Hatte die Natur eine ihrer Entgleisungen gezeigt, oder war der Hirsch im „Knabenalter" irgendwo angestoßen? Man wollte sehen. Dieser Puffer nun zieht wie ein Pferd, ohne sich weiter aufzuhalten, quer über die Blöße und verliert sich links im hohen Holz. Sein Erscheinen ist wenigstens einmal eine Abwechslung und macht einen, der schon anfängt, mürrisch vor sich hinzudösen, ein wenig munter. Im Revier hört man keinen Schrei. Es ist nicht kalt genug für den Brunfthirsch. Umso kälter wird es für mich, der ich mit vorrückender Zeit immer kleiner werde, immer mehr in mich zusammensinke, um der berühmten Kugelgestalt zu gleichen, die die Körperwärme am längsten hält.

Wo die Sonne wohl steht? Wenn man hinabsieht ins Tal, kann man feststellen, wie sich die Schatten der Berge breiter auf die Wiesen legen und langsam an den Hängen höher kriechen. Es wird bald Zeit, daß irgendwoher Wild gezogen käme. Da fängt auch schon eine Lärchenspitze, die gerade über einer Bodenwelle oben vor mir sichtbar ist, wie irrsinnig zu wedeln an. Man merkt, wie das junge Bäumchen zusammengeschlagen wird und sieht auch ab und zu ein Geweihende blitzen, mehr aber sieht man nicht. Das Schlagen hört endlich ganz auf. Man setzt sich angespannt zurecht, die Hände greifen zum Glas. Wenn man fast einen ganzen hellen Tag gewartet hat, fühlt man, was solche Sekunden bedeuten. Jedoch über die Bodenwelle wächst kein Geweih, schiebt sich kein Haupt, kein Wildkörper, nichts. Der ersehnte Anblick bleibt aus. Weiter warten, weiter geduldig sein, weiter frieren! Wo ist auch der Franz geblieben?

Auf einmal bricht es im Altholz links oben. Es knackt wiederholt, kleine Zweige brechen, und ich merke deutlich, daß Wild langsam auf mich zu zieht. Jetzt heißt es, sich noch kleiner zu machen, das Gewehr in die Astgabel zu schieben, weit nach vorn, damit der Holzschaft aufliegt. Das Knicken wird deutlicher. Plötzlich schiebt sich der Kopf eines Alttieres über einen Holunderbusch, der kaum fünfzig Meter vor mir einen alten Windwurf überwuchert. Es äst im Blattwerk einer jungen Birke, durchs Zielfernrohr kann ich alles deutlich sehen, jede Deckenfalte in diesem alten Gesicht, jeden Lidschlag über den schwarzen Lichtern und das kurze Lauscherzucken, das vereinzelten, späten Fliegen zu wehren scheint. Weiter hinten im Wald höre ich's knacken und brechen, das muß das Rudel sein. Auf einmal stößt sich das Tier, das wohl mit den Vorderläufen auf einer kleinen Erhöhung gestanden haben mag, ab und „rumpelt" förmlich an den Waldrand zurück anstatt, wie mein klopfendes Herz ersehnt, auf die Blöße zu treten. Nun erkennt man auch im hohen Holz weitere Tiere, Schmaltiere und Kälber. Sie bewegen sich langsam hangabwärts. In diesem Hochwald ist es schon recht dämmerig, nur mit dem Glas kann ich den einen oder anderen Körper genauer ausmachen. Wo bleibt der Hirsch? Inzwischen hat das Rudel schon recht weit unterhalb von mir einen Grasweg erreicht, der den Hochwald gegen eine Dickung hin begrenzt. Es beginnt ein heilloses Durcheinander. Die Tiere treten die Kälber, die Schmaltiere weichen aus und kommen zurück, das ganze Rudel ist in einer spielerischen Unruhe. Gleich wird es in die Dickung ziehen. Wo bleibt der Hirsch? Da sehe ich ihn kommen. Er „trabt" gebieterisch von hinten her den Grasweg entlang auf die Stelle zu, wo der Hochwald die Blöße berührt und wo sich ein kleiner ebener Platz befindet. Da dreht er sich einmal im Kreis und steht dann in seiner ganzen Breite da, als wolle er überschauen, was da für ein Getriebe unter dem Kahlwild herrscht. Die linke Stange spreche ich als Dreier – die rechte als Viererstange an. Ein ungerader Achter.

Das Glas beschlägt sich, ich fummele mit dem Taschentuch. Lange wird der Hirsch nicht stehen. Ein kurzer Überblick, kein anderer Hirsch in der Nähe. Der da unten trabt wieder fort, schlägt im Hochwald einen Kreis, kommt wieder auf den Platz zurück. Das muß der bewußte „Achter" sein. Sein etwas herrisch erscheinendes Gebaren und auch die Art, wie selbstsicher er von hinten angetrabt kam, läßt mich's sicher sein. Um eine einigermaßen gute Auflage zu haben, muß ich mich weit ins Gezweig hinaus schieben. Viel Blätterwerk ist im Weg. Wiederholt muß ich visieren. Endlich bin ich, ein wenig gewagt, in der richtigen Stellung. Der Hirsch äugt immer noch in die Runde. Ich muß recht steil nach unten schießen. Mein Abkommen faßt ihn oben am Rücken und – der Schuß bellt in den Abend hinaus. Das Rudel treibt's wie Pfeile auseinander, der Hirsch aber macht ein paar müde Schritte auf die Dickung zu und ist in ihr verschwunden. Wenn ich angestrengt hinhöre, glaube ich ein Schlegeln zu vernehmen. Dann erscheint alles totenstill um mich.

Erst jetzt merke ich, daß es doch schon recht dunkel geworden ist, ich muß mich beeilen. Nur dem Hirsch nicht folgen!

Es wurde ein mühsam Klettern da hinab. Den Einstieg ins Bachbett fand ich nicht, und so tappte ich den Sinnen nach in Richtung Hütte, stolpernd über liegendes Geäst, über Stock und Stein durchs Erlenunterholz. Der Schweiß rann mir von der Stirn, die Knie wurden weich, und der Atem flog. War es nur die Anstrengung, war es die Aufregung oder die Reaktion auf den langen, langen Wartetag? Dort oben standen die Sterne in ihrer Pracht, und ich armer Mensch irrte durch die Nacht. Plötzlich hörte ich ein Horn, das war Martin, er wollte mir den Weg weisen. Noch ein Blick nach den Sternen! Sie standen „vollzählig überm Land". – Endlich traf ich den Weg. Da war auch die Wiese und auf ihr alle wartenden Gestalten vom Jagdherrn bis zu den alten bekannten Gefährten.

Wie soll ich die nächsten Stunden beschreiben? Sie waren erfüllt von meiner Schilderung, von Fragen und Antworten, von meinen Zweifeln und von Frau Gretes feinstimmigem aber so gütig-gönnendem Trost. „Den haben's schon! Da machen Sie sich keine Sorgen! Morgen werdet ihr ihn schon finden!" Ich malte auf einem Stück Papier auf, an welcher Stelle ich abgekommen war, die Kugel mußte auf dem Rücken etwas seitlich eingedrungen und durch den Vorderkörper und Träger nach unten heraus sein. Eine nach meiner Meinung tödliche Verletzung. Plötzlich jedoch stand meine Frage im Raum, eine fürchterliche Frage, die mich erst jetzt so eindringlich überfiel: „Ja, wird's denn auch der richtige Hirsch gewesen sein?" Die Enden konnte ich im Dämmerlicht nicht richtig zählen, erst recht nicht in dem ganzen Durcheinander, das da herrschte. Das Verhalten des Hirsches war nicht wie das eines Beihirsches, der sich ängstlich in respektvoller Entfernung hält. Das brachte mich zur Überzeugung, richtig angesprochen zu haben. In der Frühe zogen wir hinaus zur Buchensitzblöße. Hier im Gras, wo die hohen Stämme lichter standen, war der kleine Platz, in den das bodennahe Brombeergewirr und die hohen Grasrispen noch nicht hineinreichten, wo der Boden wie mit einem lichtgrünen Teppich geebnet schien. Das war der Anschuß. Seltsam nur, daß sich auf solch überschaubarer Fläche kein Schußzeichen bot, kein Schnitthaar, kein Schweiß. – „Dort schräg hinein verschwand der Hirsch!"

Die Männer zogen los, ich aber stand ganz allein, allein mit meiner Hoffnung, meinen Zweifeln und mit meiner Furcht. Die entscheidenden Augenblicke des gestrigen Abends zogen noch einmal an mir vorüber. Wie wäre es, wenn die Freunde nichts fänden? Sie mußten etwas finden! Ich aber mochte nicht mit ihnen suchen, ich brauchte in dieser Minute diese kleine Einsamkeit nach dem Schuß auf meinen ersten Hirsch.

Da rief's aus mehreren Mündern aus der Dickung: „Schweiß! Schweiß!" und weiter weg „Schweiß". Mich packte ein unbestimmtes Gefühl. War es Sentimentalität? War es der Ausdruck einer erlösenden Entspannung nach all den Jahren und Tagen seelischer und körperlicher Anstrengung? Etwas würgte mich in der Kehle, und ich fühlte – aber ganz kurz nur – wie eine Träne der Erleichterung in den Augen hochkommen wollte. Mein erster Hirsch!

„Auf! Auf! Herbei!" Es war nicht schwer, die vielen Männerspuren zu halten, dann sah ich sie und zu ihren Füßen den Hirsch. So wie ich vermutet hatte, war er geflüchtet und nach kurzer Flucht verendend umgesunken. Franz aber schaute mit einem starren Ausdruck zu mir her. Sein Mund war wie der eines gequälten Menschen, dem man einen Schluck Essig zu trinken gab. – „Ja, das ist der Sechser, der brandige, den du nicht schießen solltest."

Ich aber stand da und kam mir vor wie ein Geschlagener. An alles hätte ich gedacht, nur an das nicht. Wie sollte ich glaubhaft machen, daß es ohne Vorsatz geschah und daß ich nicht nur schoß, um eben einmal geschossen zu haben. Ach, strenger Hubertus, ach, anmutige Artemis, jetzt müßt ihr mir ganz fest beistehen!

Wir zogen den Hirsch hangabwärts, und ich brach ihn an einer etwas lichteren Stelle auf. Keiner sprach ein Wort. Erst allmählich kamen wieder Gespräche in Gang, und vor der Hütte wurde ich mit großem Hallo über den Hirsch gelegt und mit dem Waidblatt zum „Hirschjäger" geschlagen. Franz, dem ich die ganze Situation von gestern immer wieder schilderte, hatte sich wieder gefangen und sagte: „Es sind schon manche falschen Abschüsse getätigt worden, ich glaube, dich nach der ganzen Zeit, die wir uns kennen, richtig einzuschätzen, und daß es nicht Absicht war."

Der Mittag verlief als ein ruhiges Ausklingen des Jagdurlaubs und sollte auch dazu dienen, wieder ein wenig Gelassenheit in mich zu bringen. Die anderen waren auf die Sitze ausgeschwärmt, wir vier waren allein, der Jagdführer Franz, die Hüttenfrau Grete, Martin und ich. Ab und zu hielt es mich nicht, ich mußte hinübergehen, wo im Schatten der Erlen der Hirsch hing. Er wurde durch mein Betrachten nicht stärker. Tote werden nicht mehr lebendig.

Als wir später im Dorf bei dem inzwischen angekommenen Jagdherren saßen, nahm dieser mich mit so unendlich trostvollen Worten in Schutz: „Ein Hirsch im Gebirg, erst recht in einem Revier wie dem unsrigen, ist immer erkämpft. Die Ausdauer dazu bringt nicht jeder mit, und einer, der sich nicht einsetzt mit seiner ganzen Kraft, hat

ohnehin nichts zu erwarten! Nachdem Sie so viel körperliche Zähigkeit gezeigt haben: ich gönne Ihnen diesen Schuß von Herzen!" Es
wurde wacker weitergezecht, wie es sich gehört. Dann ging es wieder leise singend zur Hütte zurück. Dort wurde spät in der Nacht
der Hirsch vor der Hütte verblasen. Weit schallte das Horn ins Tal.
Trotzdem wollte keine rechte Freude in mir aufkommen. Ich stand
noch einmal in der offenen Hüttentür und sah in die Nacht hinaus.
Die Sterne standen noch immer „vollzählig überm Land".
Der Abschied am nächsten Morgen war recht herzlich, es war aber
auch ein Tropfen Wermut unserer Freude beigemischt, denn ich
ahnte, ich würde die Hütte nicht wiedersehen. Auf der Heimfahrt
nahm ich mir Zeit, alle Bilder in mir noch einmal zu sammeln, die
mir in diesen dreimaligen Herbsterlebnissen begegnet waren. Wenn
ich heute in diesem wertvollen Bilderbuch blättere, so finde ich viel
Unvergeßliches darin. Ich finde die wechselnden Lichter und Farben über Landschaft und Wipfel, das unerbittliche Schneetreiben
auf dem Mastkorb und auch die vielen blühenden Blumen über son-
nenbeschienenen Blößen. Ich finde darin das erste Haselhuhn, das
ich sah, den weiten gewölbten, blauen Himmel mit dem Adlerpaar,
ich finde darin die langsam sich nähernde Nacht dieser grandiosen
Landschaft, wie sie mit dem eindrucksvollen Frieden über dem herrlichen Tal steht, ich höre das Schreien der Hirsche aus dem Geheim-
nis walddüsteren Dämmerlichtes.
Zu dem Leben in der Natur gehört auch die Zahl der Hüttenabende
mit dem Wort von Mensch zu Mensch, hingeblättert auf den schweren Tisch wie eine Reihe wertvoller Münzen. Ich sehe vor mir den
langsamen, bedächtigen Schritt des Bergführers Franz, ich höre seine ruhige Stimme: „Magst einen Obstler? Magst einen Apfel?" Ich
sehe sein Kommen und Gehen beim Auftragen der vielseitigen Vor-
räte aus der steinkühlen Speisekammer. Ich sehe auch die nimmer-
müden Hände seiner allzeit emsigen Frau, die unverdrossen uns Jägern das Leben so angenehm machte.
Warum sollte ich in diesen Zeilen von einem starken Hirsch „berich-
ten", der gerecht angesprochen mir gestreckt zu Füßen lag? Wer es
liest, mag über einen geringen Hirsch und einen vermeintlichen
Fehlabschuß nicht enttäuscht sein. Mag er vielmehr herauslesen, um
was es letztlich und endlich geht bei der Jagd.

Viele Jahre später traf ich mit dem Leibjäger eines Fürsten zusammen, einem Berufsjäger, der unter Hirschen schon groß geworden war, über eine zwanzigjährige Erfahrung verfügte und auch im Hochgebirge schon mit seinem Herrn gejagt hatte. Ich habe ihm das Geweih einmal gezeigt und sah ihm aufmerksam zu, wie er es in die Hand nahm und kritisch betrachtete. „Was machen Sie sich Gedanken über diesen Sechserhirsch?" sagte er trocken, „selbst für einen Berghirsch steckte wenig Zukunft in ihm. Was soll's allein mit den brandigen Enden? Sehen Sie die Augsprossen an! Der würde bei uns unbedingt geschossen. Sie können beruhigt sein, der Abschuß war schon richtig." Das war mir nachträglich ein warmempfundener Gewinn. Es löscht zwar nicht aus, daß der Hirsch mir eigentlich „verboten" war, es nimmt mir aber eine Bürde ab, die mich im Stillen immer ein wenig bedrückte. Ich hatte dem Revier also doch keinen Schaden zugefügt.

Um so lieber ist mir jetzt dieser Hirsch geworden, der geringe Hirsch mit der großen Fülle an Erlebnissen, genossen in drei wunderschönen Herbsteszeiten.

Im Steinbruch

In der Hütte wird wieder einmal „Strecke gelegt". Wer kennt sie nicht, diese Hüttenabendstimmungen im kleinen Kreis der Kameraden. Ziehender Pfeifen- und Zigarrenrauch, der immer dichter wird. Gelbrötliches Licht aus mehreren Petroleumlampen. Deren Dochte riechen mitunter scheußlich. Aber das muß man hinnehmen, und wenn einmal eine Stunde verstrichen ist, hat man sich daran gewöhnt.

Im Hüttenrauch wird das Licht immer düsterer, undeutlich werden die Ornamente auf den alten Odenwälder Tellern, die oben auf den Regalen stehen, undeutlich auch die Muster auf dem bemalten Bauernschrank, undeutlich die farbenfrohe Rosenmalerei auf dem Zifferblatt der Schwarzwalduhr, ehemals recht bunt wirkend, im Lauf der Jahre und Abende, so wie der heutige einer ist, zu einer ehrwürdigen Patina gekommen, die ihren Wert beträchtlich erhöht. Auch die beiden früher einmal genannten Dürerbilder sind um ein weniges schon angebräunt. Nicht anders ist es mit den Abbildungen aus der Mannessischen Handschrift, dem Jäger, dem Verliebten und dem Burschen, der die Trauben genießt. Die Gesichter der Jäger drüben am anderen Ende des langen Hüttentisches sehen ein wenig verschwommen aus. Das einzige, was sich klar und deutlich abhebt, sind die Böcke, die in unserer Erinnerung erscheinen samt Geißen und Kitz. Es sind auch die Füchse und Fasanen, die Tauben und schließlich die Enten. Unser gegenseitiges Erzählen weckt die Vorstellungskraft. Die Decken leuchten rot, die Bälge kupfern, das Gefieder der Fasanen – man sieht es auch ohne Pfeifendunst vor sich – hat das metallisch schwarz-blau-grün schimmernde Halsgefieder und auch das der Erpel. Der Erpel? „Ich habe noch nie eine Ente geschossen", sage ich," es ist das einzige Wild, das mir in meiner ‚Sammlung' noch fehlt." Ein erstauntes Fragen von Fritz: „Du hast wirklich noch keine Ente geschossen? Dann komme an einem der nächsten Abende zu mir, da kannst du welche schießen." „Wo denn?" „Im Steinbruch!" „Im Steinbruch? Wo sollen denn da Enten sein?" „Komm nur, ich zeige sie dir."

Also denn, ich ging wahrhaftig eines Spätnachmittags zum Steinbruch. Dort hatte sich am Fuße des hohen, steilen Abbruchs eine kleine Mulde gebildet, aus der das Regenwasser keinen Abfluß fand. Wie von unsichtbarer Hand gepflanzt, hatte sich lückiges Schilf angesiedelt und deckendes, niedriges und langstieliges Gras. Auf diese Weise war ein kleiner See entstanden, auf dem allabendlich zehn bis zwanzig Enten in kleinen Schofen nacheinander einzufallen pflegten.

Würden sie auch heute kommen? „Wenn nicht die ersten schon da sind", meint Schuchmann, der heute hier der Jagdführer ist, und der mich gern zu Schusse brächte.

Vorsichtig bewegen wir uns zwischen den aufgeworfenen Geröll- und Splitthalden auf den Weiher zu. Fritz ergreift eine Handvoll kleiner Steine und wirft sie gegen die Schilfdickung, wo einige klatschend ins Wasser niederfallen. Richtig! Sein Wurf macht eine einzelne Ente hoch, die schwirrend davon streicht. Das ging zu schnell, ich war auf einen solchen erfolgreichen Jagdbeginn noch gar nicht gefaßt. „Laß nur! Wir verstecken uns jetzt hinter der nächsten Halde; es kommen bestimmt noch andere."

Erst jetzt habe ich Zeit, mich richtig umzusehen. Voraus steigt die große, weitgeschwungene Abbruchwand auf, zwanzig, dreißig Meter hoch. Hier hat der Bruch die Grenze zum Staatswald erreicht, dessen junge Fichtenspitzen hoch oben über der Kante gerade noch zu sehen sind. Am Tag wird deshalb hier nicht mehr gebrochen, sondern weiter zur Rechten. Und daher ist diese Stelle des Bruches verhältnismäßig unberührt. Das macht sie in ihrem leichten Bogen zu einer ruhigen Ecke, die mit ihrem Tümpelchen des Abends die Enten anlockt. Es ist Gabrogestein, in allen bläulichen Nuancen schimmernd. Auch weißliche Stellen sind dabei, und darüber, wo noch Abraum über dem Felsen liegt, zieht sich ein gelblichrosarotes Band aus Erde und Geröll entlang. Jetzt, in der Stimmung der sinkenden Sonne, hat sich ein mattleuchtender Glanz auf die mannigfachen, durch frühere Sprengungen entstandenen großen Facetten der Wand gelegt. Ein ungemein wechselvolles Bild, bei Tage wie in einem weiten Tod erstarrt, zu dieser Stunde aber im matten Gleißen des Abends wie aus einem geheimnisvollen Grunde im Spiel seiner graublau erscheinenden Vielfalt zu einer verhaltenen Lebendigkeit geweckt. Gen Westen zu liegen im Gegensatz zu diesem hochalpin anmutenden Fels die sanft geschwungenen Bergkuppen, die das Tal und zugleich auch unser Revier begrenzen.

Am Himmel ist des Tages Bläue inzwischen in eine hellorange Farbenfreude übergegangen. Sie mischt sich weiter oben mit einem etwas dunkler glühenden Schein. Die Feierabendstunde hat, wie so oft, den Schmuck allmöglicher bunter Tönung angetan, als wollte sie ein letztes Mal ihre ganze Leuchtkraft aufblühen lassen, ehe sie der tiefere Abend und endlich die Nacht behutsam in ihre weichen Arme nähmen. Des Tages Geräusche sind am Verstummen. Hie und da flammen schon vereinzelte Lichter unter den Dächern des nahen Dorfes auf. Jetzt ist die Zeit da, in der die Enten kommen.

Wir brauchen nicht mehr lange zu warten. Am Himmel zeichnen sich einige dunkele Punkte ab; sie werden größer und kommen näher. Schon erkennt man den schnellen Schwingenschlag, gleich werden sie über uns sein. „Es hat keinen Sinn, zu früh hinaufzuschießen," meint Fritz. Er hat da seine Erfahrung. Wir lassen, hingedrückt an die Lehne des Splitthaufens, das kleine Schof erst einmal eine Runde drehen. Dann senkt es sich steil herab, setzt rauschend auf dem Wasser auf, um gleich darauf vergnüglich vor sich hin schnatternd, in Gras und Schilf zu verschwinden. Lange wird euer Ausruhen nicht dauern, ihr Lieben, denn schon fliegen unsere Steine und landen knallend im Tümpel. Spritzendes Wasser! Heftiger Flügelschlag! Auf fliegen die Enten, streichen schräg an der Wand entlang und sehen, daß sie Luft gewinnen. Anbacken! Mitschwingen! Bauf, Bauf! Ich sehe zwei Enten ins seichte Wasser niederstürzen, gehe hin und hebe sie auf. So halte ich nun meinen ersten Erpel in meiner Hand. Unsagbar weich das Flaumgefieder seiner hellen Unterseite. Der bekannte Glanz an Hals und Kopf! Sie wecken eine stumme, fast andächtige Bewunderung beim Anblick einer so schönen Kreatur.

Aber die Zeit drängt. Wir müssen uns wieder zwischen den Splitthügeln verstecken, denn ganz weit dahinten, wo vor wenigen Augenblicken die Sonne vollends untergegangen ist, sehen wir, daß bereits neue Enten am Kommen sind. Wie beim ersten Mal lassen wir sie auf dem Wasser niedergehen. Unsere Steine bringen sie wieder zum erneuten Auffliegen, und wieder knallen die Flinten. Aber nur eine von den fünfen, die gekommen sind, wird meine Beute. Zusehends wird es dunkler. Wir werden die Jagd jetzt abbrechen. –

Heute haben mich bei meinem sonderbaren „Ansitz" keine Vogellieder begleitet. Im Steinbruch war es kühl und stumm. Keine Blüte konnte ich sehen, kein Falterflug umgaukelte mich. Ein Felsgestein, vor dessen kaltem Hintergrund ich meine ersten Enten schoß, und leblose Steinsplitterhaufen waren meine nächste Umgebung. Doch ich durfte sehen und erleben, wie unter einem letzten und auch indirekten Sonnenleuchten selbst ein Stein an Leben gewinnt. Und der so feingefiederte Erpel da an meiner Seite zeigt mir, daß es überall auf der Erde, wo man sie gar nicht vermutet, eine Lebendigkeit gibt, man muß sie nur zu suchen verstehen.

In den Wäldern der Jossa

Gilbende Lindenblätter gleiten, im Regenwind schaukelnd, lautlos zu Boden. Die ersten sind's, die vom Leben Abschied nehmen müssen. Zwar scheinen die Kronen von Buche und Eiche in ihrer Gesamtheit noch grün. Es wird aber nicht mehr lange währen, dann werden starke Böen unerbittlich durch ihre Äste fahren und erster Reif schwerwiegend ihr noch sommerlich erscheinendes Dach bedecken, und seine kalte Last wird ohne Mitleid sein.

Wenn man in diesen Tagen durch den Blättergroßwald geht und emporsieht in sein ehedem so grünes Laub, dann spürt man eine leise Traurigkeit, und man weiß, daß diese Traurigkeit so wenig Erbarmen kennt wie der Reif, denn dieser Wald ist schon mit kleinen schmerzlichen Lücken durchsetzt. Des Jägers Fuß tritt nicht mehr über taufrisches Sommergras oder über einen freigefegten Pfad, er weckt vielmehr ein Rascheln auf, das von der ersten Lage abgeworfener Blätter ausgeht.

Leb wohl denn, lieber Sommer! Leb wohl, sommerliche Jagd mit allem, was du mir warst!

Noch aber wollen wir nicht an die Winterstille denken. Noch stehen hauchdünne, sonnendurchleuchtete Nebel über den Wiesen, wie zu einer letzten Freude bereitet. Noch ist das Jagen nicht vorbei. Wenn auch die meisten Böcke und auch die reifen Hirsche schon gefallen sind, jetzt ist es nun einmal Herbst, und man sollte sich wohlfühlen in seinen bunten Farben und in der Abwechslung, die sie uns bieten wie mit einer großen, tröstenden Gebärde.

So ist es denn auch eine mit großer Spannung erfüllte Fahrt, die wir vier unternehmen in Richtung Spessart, dorthin, wo es die versteckten Täler gibt und auch großflächige Wälder, wo weite Dickungen ganze Hänge bedecken und wo es sich noch wirklich heimlich pirschen läßt im lückigen, unterständigen Tannenholz, ganz eingenommen von dem alten prickelnden Gefühl, das einen gefangennimmt, wenn man die Graswege entlanggeht, die sich in sanften Windungen durch junge Fichtenbestände schlängeln, wo man Blößen anpirscht, die verheißungsvoll hinter den Altholzstämmen liegen, während oben in den Kronen der Überhälter ein gelinder Wipfelwind raunt oder das verhaltene Ächzen eines alten, angeschlagenen Baumes zu hören ist, der sich in diesem Wind sanft von einer Seite zur anderen wiegt. –

Wir vier sind also wieder auf frohem Weg, der Martin, der am Steuer sitzt und voller Genuß seine wohlriechende Pfeife schmaucht, der Schott, der mit jedem Kilometer, der uns unserem Ziele näher bringt, quicklebendiger wird und Heinrich, der Funk, der ruhige, aber schon in seinen Anfangsjahren so erfolgreiche, passionierte Jäger. Das sind die anderen drei, von meiner kunstvoll zurückgedrängten Unrast zu schweigen.

Die Berge rücken näher. Wir schieben uns endlich die Straße zum Spessart hinauf und tauchen in seinen Wäldern unter. Wälder! Wälder! Ab und zu von einem Wiesenstück oder vom Ausblick auf Felder kurz unterbrochen und von einem Dorf, in dem es noch holpriges Pflaster gibt und von einem Weiler, dessen breite Scheunendächer sich wie schützende Fittiche auf alte Fachwerkwände stützen.

So erfaßt jeder von uns den Reiz des Unbekannten auf seine Weise, und ich glaube, die bewährte Meinung bestätigt zu finden, daß Vorfreude die reinste Freude ist. Alle möglichen Vorstellungen bestimmen unser Gespräch, viele Wünsche voller Phantasie und begreiflichem Begehren. Wie sehen die kommenden Stunden aus? – Nein, Tage werden es ja sein, hoffnungsvolle Tage!

Meine Gedanken gehen unwillkürlich zurück in das verflossene Jahr, als es mir schon einmal vergönnt war, in diesen Wäldern auf Jagd zu sein. Abwechslungsreiche Pirschgänge gab es damals und – auch manchen vergeblichen Ansitz, aber sie alle waren doch des Erinnerns wert.

Ist da noch eine lange Morgenpirsch im Gedächtnis, die mit einem langen Ansitz ohne Anblick begann. Es war noch dunkel, als wir uns auf schmalem Pirschsteig durch einen jungen Fichtenstangenort hangabwärts tasteten bis zu dem stämmigen Hochsitz, auf dem wir den Morgen erwarteten. – Noch umfängt uns die Nacht. Wir hören nichts als unseren eigenen Atem oder das leise Streifen eines Parkers, wenn einer von uns beiden, der Jagdführer oder ich, zum Jagdglas greift, um im allerersten Grau schon etwas zu erkennen. Zum wievielten Male hat man das erlebt, und es ist immer wieder neu, die

Stimmung, die aufkommt, wenn sich das erste Dämmern vom Himmel herab zwischen Laub und Nadel schiebt, wie sich die dunkle Wand vor uns auflöst in greifbare feine Zeichnungen, wie endlich die mannigfachen Farben sichtbar werden und wie man beginnt, sie voneinander zu trennen. Schließlich kann man auch ohne Glas schon die Schneisen entlang sehen und die Dickungsränder und die freien Blößenstellen, in denen das gilbende Gras aufzuglänzen beginnt. Nun ist sie da, die erste Stunde des heller werdenden Tages, aber sie hat uns keinen Anblick gebracht. Die Vogelstimmen mehren sich, aber auch sie sind nur spärlich, denn es ist ja schon Herbst. So vergeht Minute um Minute, ja so ein Warten kann lang sein, wenn man es nicht von vornherein mit der Unverdrossenheit der Anspruchslosen angeht und auch in ihrem kärglichen Verlauf so etwas, wie eine Befriedigung empfindet, wenn man nicht spürt, was sich hinter den sparsamsten Zeichen verbirgt.

„Probieren wir's einmal mit einer großen Pirsch", sagt mein Jagdführer, und ich stimme ihm nur allzu bereitwillig zu. „Kommen wird da eh nichts mehr, die Sonne steht schon zu hoch." Das ist mir nur recht, die Stunden des Wartens haben mich doch ein wenig gelähmt. Und so geht es munter abwärts, Sprosse um Sprosse, die ich vor kurzem mit so viel Zuversicht heraufgeklettert war. Es wurde ein ausgedehnter Marsch hangauf, hangab. Da sah ich einmal, wie sehr sich diese Wälder von den unsrigen unterscheiden. Es müssen weiß Gott nicht die verpönten Fichtenplantagen sein, die in wohlgeordneten Reihen wie eine stramm ausgerichtete Truppe in der Landschaft stehen. – So wie sie ursprünglich einmal gepflanzt wurden, stehen sie sowieso nicht mehr, denn ihre in jungen Jahren vorgenommene Durchforstung hat Lücken geschaffen, die die „Eintönigkeit", von der nur ein Mensch sprechen kann, dem selbst das Gefühl des Jägers abgeht, oft durchbrechen. Aber ein bißchen Nadelwald mehr zu Hause bei uns im vorderen Odenwald, das wäre schon gut. Der reine Laubwald, selbst von vielen Forstleuten als *der* Wald gepriesen mit seinem ewigen Fallaub, das im trockenen Herbst raschelt, im Winter, angereift oder angefroren, unter dem pirschenden Schuh knistert wie zerbrechendes Glas, ach ja, die oft vergebliche Vorsicht beim Gehen durch den Wald, in dem das Wild auf hundert Meter und mehr schon abspringt, ehe überhaupt ein richtiges Ansprechen möglich war, das ist mitunter doch nervenbelastend und zwingt dazu, nur auf Leitern und Kanzeln auszuharren, ohne selbst aktiv zu sein. Dann kommt vielleicht endlich ein Stück in Anblick, und der Schuß, von der schon oft beschriebenen „sicheren Warte", erweckt – ich mag mich noch so dagegen wehren – das so verhaßte zwiespältige Gefühl über die Güte meiner jagdlichen Tat. Die Pirsch im Nadelwald dagegen ist leise und gelöst. Sie darf den Jäger zwar nicht dazu verleiten, unvorsichtig zu sein, aber sie gibt – das liegt in ihrer Art – doch eher die Gewißheit, die eine oder andere Blöße gut zu erreichen, von der nächsten Wegspinne aus Einblick zu nehmen in die heimlichen Pfade, auf denen das Wild bisweilen so gerne zu bummeln pflegt. Und so bringt dies Pirschen bei aller Spannung, die wir lieben, die dazugehört, und die wir auch nicht missen möchten, das Gefühl wohltuenden Entspanntseins, frei von der allzugroßen Aufmerksamkeit auf seine Füße.

Jene Pirsch nun, auf die ich gerade zu sprechen kam, verlief so ganz nach dieser Art. Bilder reihten sich in wunderschönen, buntgemischten Erscheinungen aneinander, Einblicke in weite Schneisen taten sich auf, in Schneisen und auch auf kleine Blößenstücke, auf denen jedes Mal das Licht der Morgensonne verschieden leuchtete. Alte, vergraste Holzabfuhrwege taten sich auf, in deren Geleise, selbst trockenen Sommers unter überhängenden Gras-Moospolstern verborgen, moorige Pfützen standen. Leuchtendes Ahorn in seiner verfärbenden Pracht, schimmernde Lärche, Buchen, die schon ins Rötliche gingen und die vielen unterständigen Fichteninseln – ideale Einstände für das Wild – über deren Heimlichkeit hoch droben schwarzgrüne Tannenwipfel wisperten. Auf geschlängelten Wegen, hie und da auch querwaldein kamen wir an die Kante eines breiten Dickungsstreifens, der sich zwischen großräumiges Altholz schob. Wir gingen an seiner langen Flanke hinauf – ein zögernder Schritt noch, ein vorsichtiger Blick um die Ecke. Da standen sie, Tier und Kalb, sichernd, windend nach allen Seiten. Irgend etwas gefiel ihnen nicht. Oh, was bringt ein Stück Rotwild an Vorsicht und Geduld auf! „Schießen Sie das Kalb". Ich ließ mich langsam auf die Knie; aus dem Schutz der Randgräser heraus hätte ich gut den sanft geneigten Hang hinunterschießen können. Doch plötzlich setzten sich die Tiere schräg von uns weg hangaufwärts in Bewegung, mußten aber Wind von uns bekommen, ja sogar etwas von uns eräugt haben, denn sie warfen sich plötzlich herum und flüchteten nach unten weg, um in der Dickung zu verschwinden. Sie werden sie wohl auf der anderen Seite wieder verlassen, so dachte ich. Sollte ich's nicht doch noch versuchen, ihnen den Weg abzuschneiden? Also denn! Im Laufschritt die Oberkante der Dickung wieder zurück, ein Stück dann an seiner Längsseite wieder hinunter bis dahin, wo der Blick frei hangabwärts war! Hinlegen, entsichern, in Anschlag gehen! Gleich wird sich ein langer Kopf witternd aus den Zweigen schieben, das Kalb wird folgen, sie werden beide sichernd verhoffen. Das muß reichen zu einem guten Schuß. Solche Vorstellungen gehen einem da durch den Kopf. Warten, warten! Die bekannte Grasnässe kroch mir an Bein und Leib herauf. Aber das macht doch nichts! Wer jagen will, darf sich an solchen Dingen nicht stören. „Sie können wieder aufstehen". Mein Begleiter stand hinter mir. „Die beiden sind in eiligen Fluchten nach unten weggezogen". So half denn auch dieser mein anschließender Versuch nichts mehr. Wir pirschten weiter. Eine Geiß äste auf einem Waldweg an Steinklee ruhig vor sich hin. „Wollen Sie schießen?" „Ach nein, ich bin ja des Rotwildes wegen hier. Geißen gibt es bei uns zu Hause genug." So ging denn dieser Morgen vorbei, ohne daß ich zu Schuß gekommen war. Ich mußte mich damit begnügen, dem Blätter- und Nadelspiel des Waldes zuzusehen und mich am melodischen Flöten des Laubsängers zu erfreuen. „Auch das Kleine ist groß", sagte Mozart irgendwann einmal. Der Abend und der nächste Morgen, sie verliefen ebenso ergebnislos. –

Aber nun bin ich mit der kleinen Schar meiner Jagdfreunde wieder auf dem Weg zu den Spessartwäldern, die mir schon bei meiner ersten Begegnung ans Herz gewachsen waren. Es gibt da im Dorf unseres Aufenthaltes einen Gasthof, der den sinnvollen Namen „Fuchsbau" trägt, ein altes Kellergewölbe unter einem ehemaligen Forsthaus, wahre Gemütlichkeit verbreitend, die rechte Herberge für den Jäger. Dort treffen wir uns mit dem Forstamtsleiter und den Führern und werden für die kommenden Tage eingeteilt. Man muß sich nur hüten, daß man in diesem verlockenden Bau nicht allzu lange verweilt. Wer früh und frisch in die Wälder gehen will, sollte abends den Kopf nicht allzu sehr beschweren!

Nach einer fürchterlichen Nacht, durchbrochen von Martins hartnäckigem Geschnarche, mache ich mich mit ausgedehnter Hilfe kalten Wassers ein wenig munter. Der Schnarcher ist schneller als ich und steht schon vor sich hinkauend bereit, während ich bemüht bin, mich in meine elchlederne Hose zu quälen. Mag sein, daß so etwas für manchen nebensächlich erscheint, diese kleinen Vorgänge zu erwähnen, die sich am Rande eines Jagdtages abspielen. Aber so ein Aufbruch im Stile des Freundes ist schon der Rede wert: Der hat einen Kanten köstlichen Brotes mitgebracht, Heidebrot, von kundiger Hand gebacken. Da kommen aus der Tiefe des Rucksackes ein Liter von gutem „Stadecker Spitzberg" heraus, der dann aus dem ebenfalls schon bereitstehenden zierlichen Zinnbecher mit dessen jagdlichen Reliefmotiven einen besonders erfrischenden Schluck liefert. Und endlich darf auch die würzige Dauerwurst nicht fehlen bei diesem stärkenden Kurzfrühstück, mit unseren Waidmessern zurecht geschnitten – ach, könnte man sie doch bald zum Versorgen eines Stückes benutzen – und mit gemütlichem Behagen verzehrt. So bricht man nicht zu Hause zu seiner Alltagsarbeit auf, so bricht man nur auf zu einem Jagdtag, der viel Freude verspricht.

Wenn es nur nicht so regnete! Der Himmel hat in diesem Jahr kein Einsehen, trotz aller unserer stillen Bitten. Es ist kalt, und der nasse Nachtwind läßt seine klamme Feuchte bald durch die Kleider dringen. Nachdem mich der führende Forstmann eingewiesen hat, gehe ich über feuchten Boden lautlos durch die Nacht, den Pirschpfad bergan. Dunkel ist's noch um mich her, ich fühle mehr, als ich ihn erkenne, den Pfad als schmale, gerade Linie vor mir, die sich im dunkleren Heidelbeerkraut und von übermooster Nadelstreu um ein Kleines heller abhebt. Dort oben soll irgendwo im Wald eine Kanzel stehen. – Da steht sie auch schon wie ein schwarzes Nachtgespenst. Ich greife in die ersten Sprossen vor mir und ziehe mich die nasse, klobige Leiter hinauf. Der Wind ist frischer geworden. Es ist gut, daß man einigermaßen geschützt hinter der Brustwehr sitzen kann. Aber der Durchzug ist trotzdem noch ungemütlich genug und läßt die schweren Regentropfen herein. Sie pfeifen mit dem Wind mir ins Gesicht, und sehnsüchtig erwarte ich das Tageslicht, das mich aus der Unwirtlichkeit meiner winddurchzausten, nächtlichen Behausung befreien soll. Als ob es das könnte!

Stärker wird der Wind und peitscht die Baumkronen über mir. Sie winden sich im Zugriff seiner Kälte, und ihr Aufbäumen, das hörbar zu mir herunter dringt, schmerzt mich mit grausiger, ächzender Stimme. Das sind die Minuten, – oh, sie können zu Stunden werden – in denen die ganze Düsterkeit des Waldes, die nur möglich ist, wider den Menschen aufsteht und ihn anstatt mit seiner erhofften Fröhlichkeit mit einem schummerigen Schaudern umgibt, Minuten, in denen die Nebelhexen zwischen den Zweigen flüstern. Man vernimmt in jedem Windstoß ihr Wispern und Seufzen, das sich manchmal in Wehklagen zu steigern scheint, und man zerrt den Mantel fester um die kalten Schultern. So sehnt man also den Tag herbei, und wenn man nur einen Häher sähe, der sich in schaukelndem Flug durch die Stangen schwänge, man würde ihn wie einen tröstenden Freund begrüßen.

Der Tag zieht herauf, sein Licht verteilt sich zwischen den Bäumen. Da und dort tauchen junge Fichtengruppen auf, bald kann man mit Hilfe des lichtstarken Glases den ganzen Hang überschauen, der sich, mit schütterem, halbwüchsigem Holz durchsetzt, vor einem ausbreitet. Man fühlt instinktiv, daß in einem solchen Holz die leisen, geheimnisvollen Wechsel ziehen. Wo aber soll bei diesem Wetter das Wild sein? Ist es nicht besser für die Tiere, wenn sie mit ihren Kälbern in der Geborgenheit bleiben und sich in der Enge ihres Einstandes so gut wie möglich mit Äsung versorgen, als in zugiger Luft durchs Holz zu ziehen? Des Morgens Helligkeit hat den Wind nicht verjagt. Er treibt mit aller Ausgelassenheit weiter sein rauhes Spiel, und wenn auch die Geisterstimmen der Nacht in der weiten Tiefe des Waldes verschwunden zu sein scheinen, so ist dieses Windes kühler Zug doch weiterhin mit beißendem Regen erfüllt, und die weißlichen Schwaden, die er vor sich hertreibt, werden erst im aufgewachten Tage richtig sichtbar und treten mit ihrem ungemütlichen Wehen an die Stelle der unheimlichen Dunkelheit.

Da ist kein Lebewesen, das sich aus seinem Versteck hervortraut. Da kommt auch nicht der ersehnte Häher am Hochsitz vorbei. Die ganze Kühle des Herbstes dringt schonungslos durch die Kleider und legt sich fröstelnd um den Leib. Viel schöner wäre es, wenn dort im Gegenhang der hohen Buchen ein erster Sonnenstrahl in diese heimelige Waldecke fiele, weckte sie auf und ließe sein Licht auf den schon gelben Blättern spielen. Oder da und dort würde eine graue Decke sichtbar und käme aus nächtlichem Verborgensein heraus, und ein erlösender Schuß würde schallen ins Tal hinab und weiter hinüber, wo die Jagdfreunde es hörten! Nichts zeigt sich mehr, nur der Wind ist noch wilder geworden und kälter dazu. Deshalb empfinde ich es auch wie eine kleine Erlösung, als ich von weitem den Jagdführer näher kommen sehe, der mich wieder abholen will. Selten habe ich zufriedener die Büchse entladen und bin dem Dorfe zugefahren.

Daheim krieche ich durchfroren und durchmüdet ins wärmende Bett und schlafe, verschlafe die Mittagsstunde, dieweil die anderen in den Straßen des hübschen Kurorts ihre informatorischen Runden drehen und sich's beim „lecker bereiteten Mahle" wohlsein lassen. Um drei Uhr stehe ich wieder zur Abfahrt bereit im Schloßhof des Forstamts. Das Wetter ist inzwischen etwas freundlicher geworden. Noch weht der Wind, aber es scheint nicht mehr so unerbittlich kalt wie am Morgen, und der Platz, auf den ich diesmal eingewiesen werde, bietet eine gute, bergende Bleibe. Deshalb fühle ich mich geradezu wohl auf meinem Sitz mit seiner schützenden Rückenlehne. Droben in den Wipfeln wogt es zwar noch und rauscht sein wohlbekanntes Lied, jedoch es dringt nicht mehr so kalt herunter zu mir. Man kann sich gemütlich in die Ecke der Kanzel kuscheln und dem Waldweben zuhören, das längst nicht mehr so feindselig über mir über die Wipfel streicht. Ab und zu fährt ein Fichtenwedel kratzend über meines Hochsitzes Dach, draußen ziehen wieder vereinzelt Nebelfetzen vorüber, aber was tut's? Es stört nicht mehr das Beobachten und den Bilderreichtum der umgebenden Natur.

Weißtannenüberhälter neigen sich in ungestümen Böen, die da kommen und gehen, und einer von ihnen sieht in ihrem Zugriff aus wie eine Nonne, die sich in rhythmischen Abständen verneigt. Die Kiefer daneben schüttelt ihr zerzaustes Haupt, und ihre kleine Schwester wirft wie um Hilfe flehend ihre dünnstengeligen Arme gen Himmel, der ja kein „Himmel" ist, sondern nur ein graues Etwas, aus dem heraus es prustet und zuweilen gießt. Das ist ein Stück Urwald, wie er schon vor zweitausend Jahren diese Berge bedeckte und der die sonnengewöhnten, römischen Söldner erschauern ließ. Ich aber fühle mich heute abend im Gegensatz zum Morgen sonderbar ruhig und geborgen. Manchmal hört der Regen auf, keine dünnfadigen Streifen zeichnen sich gegen die Schwärze der Fichtenwand da drüben ab, dann wächst die Wachsamkeit des Jägers, weil ja jeden Augenblick „etwas kommen könnte". Beim nächsten Schauer aber erfüllen mich – weil eben nichts kam – wieder Augenblicke absoluten Entspanntseins. Ganz droben wogen weiter die Wipfel. Ich denke an ein Wort von Hermann Löns, das ich einmal als Schüler las und das damals einen tiefen Eindruck auf mich machte: „Und wenn auch der Fuchs nicht kommt, so weiß ich doch, daß ich eine schöne Stunde verleben werde". So eine schöne Stunde ist jetzt da, und ich nutze sie in aller Liebe, die man der Natur nur entgegen bringen kann. Mit ganz bewußtem Dank an diese *meine* Stunde genieße ich die bunte Palette, die sich vor mir auftut. Da wiegen sich die schon gelblichen Lärchen. Die Buchen stehen brennend dazwischen. Das falbe Riedgras zeichnet orangefarbene Zackenmuster auf den lila überhauchten Hintergrund. Solche Farben sind ein guter Ersatz für das Schweigen der Vögel und für die scheinbare Leblosigkeit in der Tierwelt, von der man aber doch fühlt, daß sie, wenn auch schweigsam, vorhanden sein muß.

Der eisige Wind, der mich heute früh an allen Gliedern zittern ließ, hat sich erwärmt, und ich sitze wohleingepackt in Kotzen und Decke und fühle mich wohl. Drüben werden, wie ich ja die ganze Zeit beobachten konnte, die Überhälterkronen gepeitscht. Laß es jaulen und zischen! Mich ficht es nicht an. Es kommt und geht und macht bisweilen echter, abendlicher Ruhe Platz. – Schade! Es beginnt zu dämmern. Nicht lang mehr wird das Büchsenlicht anhalten. Bei solchem Wetter bricht die Dämmerung schnell herein. Denn da ist kein hoher Himmel, an dessen weißgleißenden Wolken sich die letzte Sonne noch einmal entflammte. Zwar hätte ich allzu gerne wenigstens den Anblick eines Lebewesens gehabt, aber ich muß mich halt mit dem Anblick lebendiger Pflanzen begnügen. Schließlich vermögen auch sie, in Farbe und Gestalt, in ihren Bewegungen und in ihrem Zweigen- und Gräserspiel ein reichhaltiges Stück Leben zu vermitteln. „Und wenn auch der Fuchs nicht kommt..."

Unten vom Weg dringt der Ruf meines Jagdführers herauf. Lebt wohl, ihr Lärchen und Kiefern da drüben, die ihr mir liebe, wildbe-

wegte Spielgesellen wart. Ich grüße euch herzlich. Vielleicht sehen
wir uns einmal wieder, wenn das lautlos leuchtende Abendrot einer
friedlichen Sonne eure Wipfel vergoldet. Auch die anderen Freunde
haben heute abend nichts gesehen. Aber Anlaß gibt es dennoch, sich
in den „Fuchsbau" einzuschieben, denn in der Wildkammer des
Forstamts hängt ein Hirschkalb, am frühen Morgen, als es im Troll
eine Blöße überquerte, durch den kühnen mitschwingenden Stutzen
von Martin gestreckt. – Ach ja, der Fuchsbau und seine ganze rau-
chige Atmosphäre, das ist unser „Heidekrug", der Dorfkrug des
Heidjers Löns. Auch er ging über die Heide, wir wir durch unsere
Wälder gehen, ging durch das Licht des Moores und durch den
Schatten seiner Fuhren in aller Leidenschaft des Herzens, das unter
einer groben Joppe schlägt, im Zwiespalt zwischen lebendiger
Schönheit, die so schnell vergeht und einem so langen, langen schlafenden Tod. –
Am nächsten Tag sitze ich auf einem ganz hervorragenden Ansitzplatz. Auf der Hinfahrt schon hatten wir, Herr Forstoberrat Dr.
Hopp und ich, ein kleines Rudel Kahlwild im Scheinwerfer des Wa-
gens gesehen. Wenn das nicht Erfolg verhieß! Beim Anbrechen des
Tages habe ich Sicht in fünf Schneisen hinein, über etliche Blößen
hinweg auf weiträumige Gegenhänge. Aber das Wetter ist auch heute morgen wieder naß und kalt, das Wild verhält in seinen Einständen. So oft ich auch die Schneisen absuche, es zeigt sich nicht die
Spur einer Decke. Kann man das Schicksal zwingen? Was hilft es,
sich zum wievielten Mal am Farbenspiel von Baum und Strauch zu
erfreuen, sich zu Geduld und Mäßigung zu ermahnen? Ich bin froh,
als mich Herr Hopp wieder abholt von meinem Wachturm und
mich in den Kreis meiner Freunde zurückholt. Im gemütlichen
Heim werden alle Beobachtungen ausgetauscht, und es zeichnen
sich im eifrigen Gespräch alle Bilder und Eindrücke dieser schönen
Wälder ab, während wir uns am beispiellos reichhaltigen Frühstück
im gastlichen Haus Müller laben dürfen. Dann werden die Rucksäk-
ke wieder gepackt. Die Wagen warten auf die Heimfahrt.
Wenn wir auch unverrichteter Dinge – außer Martin natürlich – Abschied nehmen mußten, so hatten die Tage im Spessart uns dennoch
viel Schönes gegeben. Die alte Weisheit für die Männer im grünen
Zeug hatte sich wieder einmal bewahrheitet, daß zum Jagen nicht

nur das eigene Tun und Handeln gehört, sondern auch ein Stück Wohlwollen des Himmels, und daß ebenfalls zum Jagen gehört, genügsam zu sein, und sich an dem zu erfreuen, was Tag und Umstände bieten, vorliebzunehmen mit dem Angebot der Stunde und einen Jagdtag in angenehmer Erinnerung zu behalten, wenn auch Lauf und Waidmesser blank blieben. Wie rauh und böse vermögen entfesselte Kräftespiele der Naturgewalten mit uns kleinen Menschen umzuspringen und wieviel „Wärme" wiederum können sie verschenken an den, der sich dafür ein offenes Herz bewahrt. –

Ein Jahr kann schnell vergehen. Wieder ist ein Spessartherbst herbeigekommen. In diesem Jahr, dem dritten nun schon, das wir in seiner herben Herbstschönheit erleben dürfen, sind uns die Elemente wohler gesinnt. Über den Wäldern liegt der bezwingende Duft von eben gefallenem feuchtem Laub und der Zauber der Farbenvielfalt dieser Jahreszeit.

Der Abend unserer Ankunft dient wieder dazu, sich in die zwar altbekannte, aber doch immer wieder neue Atmosphäre einzustimmen. Derweil wir vier, die von diesen Seiten bekannten „Vier", uns die traditionellen Weisungen für den nächsten Vormittag einholen, liegt meine liebe Jagdgefährtin im Müllerschen Quartier mit einem deftigen Grippefieber im Bett. Aber sie will mir die beiden nun einmal abgesprochenen Tage nicht mit einer Erkrankung vermiesen, und so kommt es, daß ich dieser Tapferkeit einer meiner schönsten jagdlichen Anblicke verdanke. – Ich werde, es ist noch dunkel, auf eine Kanzel eingewiesen, die gar nicht besonders hoch an einer Wegböschung aufgeschlagen ist, von der man aber, so zeigt es der anbrechende Tag, einen wundervollen Ausblick hat. Man bedeutet mir, mich ganz besonders nach links zu orientieren, wo nach einigen hundert Metern ein sehr beliebter, ja fast ein Zwangswechsel verlaufen soll, den das Rotwild gerne einhält, wenn es die saftige Wiesenäsung verläßt, den Weg überfällt, und hinter einer vorgelagerten Blöße seinem Einstand zustrebt.

Der Wind vom vergangenen Jahr hat sich heuer verkrochen. Es geht nur ein harmloses Raunen durch die Bäume. Regen und Nebel verschonen mich ebenfalls. Über mir stehen sogar einige Sterne am Himmel und versprechen einen klaren Tag. Obwohl es nicht zugig ist, habe ich mir doch meine hellgrüne Wolldecke mitgenommen, die ich mir um meine Knie schlage und die mir eine Stunde später zum Unglück werden soll. Langsam zieht der Tag herauf. Es breitet sich eine Stimmung aus, die man schon so oft erlebt hat. Die Nacht weicht der Dämmerung, die Dämmerung dem Licht. Unmittelbar vor der Kanzel zieht ein breiter Weg vorbei, der hüben und drüben von zwei hohen Böschungen eingefaßt ist. Hinter mir steht dichtes, junges Stangenholz, vor mir über dem Weg liegt eine dreieckige, weiträumige Blöße, die hinten von einer Fichtendickung, ein wenig weiter links von höheren Stämmen begrenzt ist, in die man ein Stück hineinsehen kann. Den ganzen Kiesweg leicht hangabwärts zieht sich eine Blöße in Form eines breiten Streifens entlang, der ganz weit links unten, der Biegung des Weges folgend, in undeutlichen Morgendunstschleiern verschwindet.

Auf der Blöße regt sich kein Leben, ich vertreibe mir die Zeit, den aufwachenden Vogelstimmen zuzuhören und zu versuchen, die kleinen Sänger richtig voneinander zu unterscheiden. Auch das ist ein abwechslungsreiches „Ansprechen". Ich sehe den Krähen nach, die sich quarrend aus den Wipfeln ihrer Schlafbäume werfen und dem freien Feld zustreben. Ich zähle die kleine Häherschar, die sich von Baum zu Baum schwingend den Hang herauf bewegt, bis sie zu meiner Rechten verschwunden ist. Inzwischen ist es ein wenig wärmer geworden, so daß die ersten Falter aus ihren nächtlichen Verstecken auftauchen und sich gaukelnd um die Blüten all der Glockenblumen schwingen, deren letztes, herbstliches Blau vielfältig die Böschungen vor mir bedeckt.

Es ist nun vollends hell geworden. Die Spitzen des Altholzes dort drüben werden eben von ersten Sonnenstrahlen mattaufleuchtend berührt. Es wäre eigentlich an der Zeit, daß sich irgend etwas tut. Gelassen sehe ich wieder einmal den Weg hinab. Da zeigt sich mir ein unvergleichlich schönes Bild. Auf der Böschung, wo der Weg um die Ecke verschwindet und dadurch den Blick in ein Stück Morgendunst freigibt, steht in seiner ganzen Breite mit aufgerichtetem Haupt nach mir heräugend, ein geradezu riesiger Hirsch. – Zweihundert Meter mögen es sein. – Sein Körper erscheint bei dieser Beleuchtung dunkelbraun. Eine zottige Mähne umgibt den breiten Träger, das Geweih ist weitausgelegt geschwungen, von irgendwelchen Sprossen kaum unterbrochen und endet ohne Gabel, ohne

Krone, spitz auslaufend weit über den Lauschern. So steht er da, stolz, an ein Denkmal erinnernd, dunkel sich abhebend von seinem milchigen Hintergrund. Ich sinke in mich zusammen und nehme den Anblick dieser wie aus dem Boden gewachsenen Gestalt, noch ganz in meiner Überraschung befangen, in mich auf. Ein ganzes Stück hinter dem Hirsch ist kurz ein geringer Sechser zu sehen. Da sind auch noch die Rücken von zwei weiteren Wildkörpern. Es ist Kahlwild. Nach längerem Sichern, das mir genügend Zeit läßt, diese wunderschöne eindrucksvolle Erscheinung zu genießen, setzt sich der Hirsch in Bewegung. Er dreht auf mich zu und beginnt, in kleinen Sprüngen über die Stubben zu setzen, die sich offensichtlich im Heide-Heidelbeerkraut und im Gräserteppich verbergen. Was ist das für ein elegantes Vorwärtsgleiten, wie sich das große Stück Wild über die Unebenheiten des Geländes hinwegsetzt! Ich glaube, jedes Muskelspiel zu erkennen und den leichten Spiegelglanz der Decke, der von einem jeden dieser geschmeidigen, kurzen Sätze begleitet ist. Aber jetzt hat Eile Not! Wie schnell wird der Hirsch mit den begleitenden Stücken herbeigekommen sein! Also denn: Zur Sicherheit einer guten Auflage will ich die Decke benutzen, die noch auf meinen Knien liegt. Auf ihrer weichen Unterlage im Winkel des hochstehenden Eckpfostens der Kanzel will ich das Gewehr einklemmen, damit ich ja einen ruhigen Schuß anbringen kann. Schnell nun nach der Decke gegriffen, einen Zipfel von ihr über die Brüstung geworfen und sie mit hastigen Fingern unter das Gewehr geschoben! So kann ich getrost und ohne Jagdfieber das Näherkommen des Wildes abwarten. Und grade dieses Verhalten wird mir zum Verhängnis. Ich hatte die ganze Zeit nur den Hirsch und die beiden Tiere im Auge. Inzwischen hat sich aber weit zu seiner Linken an einer Stelle, wo ich nichts vermutete – wer kann das ahnen – ihm selber weit voraus der Großteil des Rudels aus dem Schutz der höheren Fichten auf die Blöße geschoben und hat dabei meine etwas zu hastigen Bewegungen mit dem hellgrünen Tuch über der Kante des Querholzes bemerkt. Ich sehe sie erst jetzt, als sie schräg von mir weg nicht einmal sehr schnell, aber doch sichtlich verunsichert in kleinen Fluchten von der Blöße zurück in die Fichten verschwinden. Der Hirsch wirft auf, äugt ihnen eine Weile ganz „verdutzt" nach, dreht sich langsam um und zieht in langsamen Schritten in den

Wald, die anderen Stücke, die bei ihm sind, verhalten sich etwas eiliger und sind, ehe ich sie richtig ansprechen kann, verschwunden.
Der Sechser weit hinten wird überhaupt nicht mehr gesehen. Aus ist
der Traum, und leer ist die Blöße. Was hilft mir später der Anblick
dreier Geißen, die auf dem Weg an mir vorbeiziehen? Was hilft mir
alle Ablenkung auf die Schönheit des erwachten Tages? Ich muß ergeben und voller Ungeduld warten, bis mein Führer mich wieder
abholt, dem ich teils ärgerlich, teils niedergeschlagen mein leichtsin-
niges Verhalten schildere: „Ja, ja, das Rotwild! Man kann nicht vorsichtig, nicht umsichtig genug sein!"
Herr Hopp meint später: „Schießen sollen Sie und nicht nur beobachten!" Ach, hätte ich nur besser beobachtet, dann hätte ich bestimmt auch geschossen. „Zur Strafe", meint er, „müssen Sie heute
abend wieder hierher". Strafe? Ist es nicht das einzig Richtige, den
Abend wieder auf dem gleichen Platz zu verbringen?
So kommt es denn, daß ich am Abend wieder auf dieser Kanzel sitze,
eine große innere Unruhe hält mich gefangen. Mit aller Vorsicht halte ich ständig den Waldrand mit seiner ganzen Breite im Auge. Wo
wird das Unterholz unruhig? Wo schiebt sich ein Windfang heraus?
Ein Stück Loden liegt an richtiger Stelle über dem Querholz. Der
Gewehrkolben steht zum Anschlag bereit auf den Knien. Den Hut
habe ich tief in die Stirne gedrückt. Oh, ich habe alles in Acht genommen und verwende keinen Blick auf Vogelflug und Wolkenzug.
Ich sehe nur den Weg hinab nach links, langsam nach vorne zur drei-
eckigen Blöße, langsam nach rechts und wieder zurück. Ich habe
keinen Begriff, wie langsam oder wie schnell die Zeit vergeht. Ich
werde plötzlich nur gewahr, wie hinten an den Fichten mir gegenüber die Schatten merklich höher kriechen, wie dann das letzte, di-
rekte Sonnenlicht von den höchsten Wipfeln verschwindet, und wie
die Dämmerung sich leise aus der Tiefe des Waldes zu erheben beginnt. Da läßt meine Zuversicht nach, und ich werde doch ein wenig
traurig. Die Nacht bricht herein. Die Blöße liegt vor mir wie in der
Ruhe eines Toten.
Ich gehe langsam den Pirschpfad zum verabredeten Wagenhalteplatz. Ein weiterer Jagdtag, der so hoffnungsvoll begann, ist vorüber.
Für den nächsten Morgen weist mich das Los an eine andere Stelle.
Aber Hubertus ist mir auch diesmal nicht wohlgesinnt. Ohne An-

blick gehabt zu haben, muß ich mich wieder von meinem Hochsitz trennen. Und während ich ein wenig bedächtig die hohe Leiter hinabsteige, gehen mir so manche Gedanken durch den Sinn: Wie kommt es denn, daß wir Jäger uns immer aufs Neue zu einem Handeln bekennen, das manchmal mit greifbaren Erfolgen so geizig umgeht, das uns aber ein ganzes Leben lang, wenn seine Stunde gekommen ist, in seinen Bann geschlagen hat und dem wir auch im Verzichtenmüssen noch ergeben sind?

Der Hirsch vom Birkenacker

Sprach's, und sein fleischiger Zeigefinger, an dessen Rücken der breite, erzbischöfliche Siegelring in der letzten Sonne aufglänzte, deutete energisch und unmißverständlich auf eine bestimmte Stelle des bunt meist grünbemalten, auseinandergerollten Pergaments. „Wo der Karolinger einst jagen konnte, steht's jetzt einem Kurfürsten seiner allerchristlichen Majestät wohl an. Die Zeiten haben sich geändert, guter Meister!" Es klang sehr selbstzufrieden. „Nun bin ich einmal der Herr in diesen Wäldern da, kann jagen nach Herzenslust. Er hat es ja die vergangenen Tage wohl gemerkt. Und hier, seh er nur genau hin, just hier an dieser Stelle baut er mir auf des Franken zerbröckelten Mauern eine neue Unterkunft, ein kleines Schloß, ein Jagdschloß, mein Lieber, nicht prunksüchtig, – ich liebe dergleichen nicht, das weiß er. Einfach, zugleich aber auch ein wenig stolz, das weiß er auch." Daniel Brendel von Homburg, Erzbischof von Mainz und Kurfürst im Heiligen Römischen Reich Deutscher Nation, verschränkte die Arme hinter seinem Rücken und begann, im Zimmer unruhig auf und ab zu gehen. Er tat es immer so, wenn er irgendwelche Pläne hatte, Pläne, die in seiner Vorstellung unumstößlich waren, besonders, wenn's das Bauen anbetraf. Mit einem Ruck blieb er vor seinem Baumeister stehen und sah mit leicht geneigtem Kopf in dessen gelassenes Gesicht. „Hab ich nicht die Martinsburg wiederaufgebaut und den Kanzleibau und St. Gangolf daneben? Hab ich nicht endlich, sag er, die Spessarterbschaft Rieneck wieder eingelöst, damit sie dort nutzlos verträumt?" Er klopfte sich mit der Faust auf die Brust, und der breite Ring blitzte zum andermal auf. „Sollt ich's nicht wagen mit einem Schlößchen da im Tal, wo unsere Straße über die Jossa geht?" Bei der Bezeichnung „Schlößchen" ging ein verschmitztes Lächeln über sein rosenwangiges Gesicht. „Da, sieh hinüber über den Rhein! Zeig mir eine Linie, eine dünne kaum sichtbare Linie nur von meinen Spessartbergen! Du wirst's nicht können, lieber Meister. Warum nicht? Weil sie so weit sind, weil sie so *weit* sind!" Dabei verlor sich sein scharfer Blick und versank ins Träumerische, das man schon so oft an ihm wahrgenommen hatte. Er sprach langsam und leise weiter, als sei er allein. „Warum nur zieht es mich immer wieder dorthin? Habe ich doch anderswo Wälder genug. Was ist es, daß es gerade jene Wälder und Täler sind, die so leicht menschliche Leidenschaft zu lockern verstehen? Ist's eine Magie?" Oh je, als geistlichem Herrn stand ihm so ein Ausdruck schlecht an. Ein geradezu heidnisch Wort. Der jagdfrohe Kurfürst ging auf seinen Baumeister zu, bis er ganz nahe vor ihm stand, zwang seine halbe Hand hinter dessen zugeknöpften roten Rock, zog ihn ganz dicht zu sich heran, indem er zu ihm, der ihn um Haupteslänge überragte, mit hochgezogenen Augenbrauen aufsah. Seine Worte nahmen ein Flüstern an. „Ich hab Dir schon so manches anvertraut. Darf ein Priester von einem Zauber sprechen? Aber dort, Meister, dort wo die schwarzen Wälder sich um verborgene Gründe schlingen, dort steckt er. Von dort geht es aus, was Lust und Leidenschaft weckt. Manchmal ist's wie eine Krankheit, die mich packt und die auch kein Arzt mir nehmen wird. Aber darf man ihnen Zügel lassen? Muß man nicht diese Lust und Leidenschaften in Fesseln schlagen?" Seine verkrampften Finger ließen den Rock des anderen los, ach, man war nicht erstaunt über solch ein Benehmen. Zu oft schon war man Zeuge gewesen vom jähen Wechsel der Stimmungen im Herzen seines Herren. Brendel ging zum Fenster hinüber und sah versonnen über den grünen Strom, wo seine geliebten Berge irgendwo in der Ferne liegen mußten. Es war kurze Zeit still im Zimmer. Man hörte nur, wie die breite Rolle aus Pergament wieder eingerollt wurde. Der hagere Meister des Homburgers pflegte solche Vorgänge schweigend entgegenzunehmen. „Eminenz?" Brendel seufzte einmal tief auf, dann fuhr er herum und maß den Raum wieder mit unruhigen Schritten. Seine Verträumtheit war mit einem Male verschwunden. Das allzu bekannte Aufblitzen seiner kleinen Augen hatte wieder Herrschaft gewonnen. „Habe es satt, in schlechten Kutschen gerüttelt zu werden. Ist's wirklich notwendig, dies unstete Hin und Her über Rhein und Main? Und langweilig ist's dazu! Kannst Du mir wenigstens darauf die rechte Antwort geben? Ich will Dir's selber sagen. Notwendig ist's, weil ich dort die rechte Bleibe nicht habe. Und ich will Dir weiter sagen", seine Stimme hatte die alte Härte wieder – „bald werde ich eine haben. Und ich will Dir weiter sagen, daß das Schloß bald gebaut wird, hörst Du, ganz bald! Die Gulden sind mit Deinem Bruder besprochen. Ich gebe Dir acht Tage. Ich weiß, Du bist ein Könner. Acht Tage, nicht mehr! Dann will ich Deine Pläne sehen, Wohnstatt für mich, für meine Gäste und wenn's sein muß für deren Damen auch. Genügend Stallungen für dreißig Pferde, was sag' ich, fünfzig können's sein, genügend Raum für die Hunde, für Knechte und den ganzen Troßkram. Will gut dort versorgt sein, oft und lang!" Ein energisch Abwinken seiner Hand. Die hohe Tür fiel sachte ins Schloß.

Brendel von Homburg war wieder allein und sah noch lange in Gedanken hinunter auf den breiten Strom, der in unberührbarer Ruhe und von der Menschen Nöte ungestört an ihm vorüberfloß. Man schrieb das Jahr 1572. Im nächsten Jahr schon müßte alles fertig sein. Das war die Geburtsstunde vom Jagdschloß an der Jossa.

Jahrhunderte waren indessen vorüber gegangen. Kriegsläufte kamen und verschwanden. Brände hatten ihre hohe Lohe aus niederbrechenden Dächern aufleuchtend im Rauch gegen nächtliche Himmel gejagt. Sie wurden unter neuerstellten Firsten vergessen. Die Schweden waren durch die kurfürstliche, kaiserliche Stadt gezogen. Französische Pferde stampften und wieherten kettenrasselnd im Stroh und Heu über den Gräbern des Domes, wo auch Brendel von Homburg lag. Brandbomben hatten jüngst erst wieder über den Gewölben Heinrichs des IV. gezündelt. Aber endlich, ungebeugt von Drangsal und Widerstreit der Zeit, war vieles doch geblieben, lükkenhaft zwar, weil ausgerechnet die Martinsburg verschwand und der Kanzleibau und auch St. Gangolf unter den vielen Kirchen. Doch das Schloß an der Jossa war noch da, vor wenigen Stunden noch stand ich in seinem Hof und lebte in der Vorstellung seiner weiten Vergangenheit. –

Der Ellenbogen meines Jagdbegleiters stößt mich an. Ich wache wieder auf aus meinem Traum. Das Bild von Mainz verschwimmt, die Stimme des Kurfürsten ist verstummt. Ich bin wieder aufgewacht mit allen Sinnen und warte auf den Hirsch. Aber es ist nur ein Stück Rehwild, das sich zu unserer Linken aus der Fichtenkultur schiebt. Vor uns breitet sich eine weiträumige Waldwiese aus. Goldgrün erscheint ihr samtner, weicher Grund. Sie ist von verheißenden Dickungen umsäumt, die hinten in hohen Wald übergehen. Er bedeckt alle Hänge und Kuppen, die wir einsehen können, ideale Einstände für das Rotwild befinden sich eingestreut unter dem grünen Einerlei ihrer Baumkronen.

Der Abend ist ruhig und still. Große Wolkenballen stehen schier ohne Bewegung über uns. Manche davon glänzen im fast grellen Licht der Sonne, die schon am allmählichen Untergehen ist. Ihr Widerschein legt sich mit unvergleichlicher Milde auf Wipfel und Wiese. Das Wetter ist zum Guten umgeschlagen und läßt die Hoffnungen auf einen guten Jagdablauf größer werden.

Wie trostlos sah es vor wenigen Stunden noch aus. Ich muß an den Mittag denken und an seinen depressiven Verlauf. Eintönig rauschte der Regen herab, seine Tropfen waren schwer, klopften hörbar auf Motorhaube und Dach und rannen in schwermütigen Bahnen, deren Neigung der Fahrwind bestimmte, an den Seitenfenstern entlang. Die Ernte, sie sollte schon trocken und schnittreif sein, lag schwerfällig in gebeugten Ähren. Das Vieh in den Weiden verhielt mit hängenden Köpfen unter diesen oder jenen Bäumen, und wenn man die kleinen in die Landschaft eingestreuten Waldstücke durchfuhr, so war einem selbst im sicheren Wagen, als fröstelte man in Kühle, Nässe und Wind.

So fuhr ich den Spessartbergen entgegen, die sich, sobald man einen kleinen Ausblick hatte, weit voraus in der Trübe des Tages zaghaft abzeichneten. Aber endlich war man auf der Straße, die sich zu ihrer Höhe hinaufwand und hinführte in die Wälder, in denen man das Rotwild wußte. Der Regen ließ nach, die Wolken schoben sich beiseite und mit ihnen all das, was einem Jäger das Herz beschweren konnte. War's Wunsch noch, war's Wirklichkeit? Es ging zur Jagd auf den Brunfthirsch! Da, links und rechts in den Dickungen und im jungen Stangenholz, da würden sie stehen, da würden die Geweihten jetzt ihre Tiere suchen, und der tiefe Schrei aus brunftmähnigen Kehlen würde über die Täler orgeln. Das trieb denn unbewußt zur Eile, und ich war lange vor der verabredeten Zeit am Ziele. Langsam ging ich um das stolze Schloß, das jetzt Forstamt war, stand in seinem Hof, ging endlich die Wendeltreppe hinauf.

Wenn ich mich in historischen Bauten bewege, in einer Burgruine, in verlassenen Klöstern oder in einem Gebäude, das sich, in welcher Benutzung auch immer, in unsere Tage herübergerettet hat, kann ich mich nicht der vielgestaltigen Vorstellungen erwehren, wie es wohl vor Zeiten hier ausgesehen haben mag. Es ist mir, als fühlte ich hautnah den alten Geist, der im Gemäuer nur schlummerte, um durch unsere Liebe mit seinem ehemaligen Leben zu erneuter Wirklichkeit zu werden. Dann treten die Geister der Vergangenheit wie aus unsichtbaren Nischen heraus ans Licht, bewegen sich in lautloser Weise umeinander, so wie sie es früher einmal getan und machen uns zum staunenden Beschauer längst verflossener Geschichte. Das brachte mich auch vorhin zum Träumen auf der Kanzel. Doch Träumereien vertreiben die Wachsamkeit und die ist notwendig, je näher der Abend kommt. Inzwischen sind neun Stück Rehwild ausgetreten. Ein guter Bock ist dabei. Doch wie klein wird mit einem Mal der Anblick eines Bockes, wenn's um den Hirsch geht, den ich jagen will.

Die Hirsche melden noch nicht. Wir mußten die Jagd manöverhalber etwas vorziehen, sind deshalb zeitlich noch zu früh und auf Ansitz und Vermutung angewiesen, denn die Rudel haben ihre endgültigen Einstände noch nicht überall bezogen. Zudem habe ich einen II b-Hirsch frei, und deren richtige Auswahl ist nicht immer leicht. Aber wohlgemut muß ein Jäger sein, und wohlgemut muß er auch bleiben, selbst wenn wie jetzt das Büchsenlicht am Schwinden ist. Die Wolkenränder sind verblaßt. In den einzelnen Waldwegen, die in der Wiesenecke in den Dickungen klaffen, zeigt sich kein Haupt. Es wird Zeit, sich zum Abbaumen zu rüsten. Schnell ist es dunkel, und wir pirschen zum Wagen zurück.

So ein Abend „ohne Hirsch" hindert nicht am nachfolgenden, zünftigen Jägerumtrunk mit dem Jagdherrn und den anderen Kameraden. Im Pfaffenhofer „Hirschen" – nomen est omen – werden etliche Flattermänner gegessen, und auch mancher Humpen wird geleert. Pfeifen- und Zigarrenrauch qualmt durch die geweihbestückte Gasthausstube. Besprochen wird der nächste Tag, Hubertus mag ein wenig helfen!

Der Morgen darauf ist kühl und frisch, und diese Frische tut mir gut. Ich bin für jede feuchte Brise froh, die mir Gesicht und Stirn umstreicht. Mit meinem Begleiter pirsche ich zügig durch Nadelwald eine leicht aufwärts verlaufende Schneise entlang. Zwischen den Fichten hängt ein hauchdünner Nebel, der bei jedem Atemzug erquickend in die Lungen strömt und die den Brustkorb wohltuend weitet. Tief durchatmend genießt man den Hauch von Holz und Harz. Noch ist es Nacht, aber die Sterne leuchten schon matt.

Des Windes wegen müssen wir eine große Dickung weit umschlagen. Der Wald steht schweigend da. Wir bleiben des öfteren lauschend stehen, aber kein Brunftschrei dringt aus der Dunkelheit. Auf der Höhe angelangt, sehen wir schon das erste Tagesgrau durch die Wipfel dringen. Vor uns löst sich eine markante Kanzel aus dem Schatten. Hier wollen wir's mit einem Ansitz versuchen.

Trotz der Kälte melden die Hirsche auch heute nicht. Zögernd wird es heller, und ich erkenne erst jetzt so richtig den idealen Standort dieser Kanzel mit Einblick in eine Blöße, in einen Grasweg, der breit eine Dickung teilt, und rechts von uns die gute Sicht ins hohe Fichtenholz hinein! Man meint, jeden Augenblick müsse sich ein Stück Wild aus der verschwommenen, undeutlichen Belichtung abheben von seinem noch schwärzlichen Hintergrund. Aber es wird heller und heller. Und der Morgen ist da! Wir halten lange aus, bekommen aber nur ein Schmalreh zu Gesicht, das einsam durch den lückigen Fichtenwald zieht. Ein wunderschönes Bild: das gelblich-rote, zierliche Reh, wie es langsam in der schwarz-grünen Tiefe des hohen Waldes verschwindet. -

Wenn man das Rotwild nicht vergrämen will, so soll man vor der Brunft am Platze bleiben, um nicht durch optische oder spurensinnliche Einflüsse Unruhe zu stiften. Trotzdem wollen wir in Richtung Wagen einen Umweg machen, an einer kleinen Waldwiese vorbei und im weiten Bogen zum Halteplatz zurückkehren. Die Wiese ist leider leer. Ein paar Schritte weiter kommt unverhofft ein Spießbock gezogen. Wir wollen ihn vorbeilassen, aber plötzlich eräugt er uns doch und springt in die nahe Dickung ab. Das hat zwei Stück Rotwild unruhig gemacht, die wir durch das hohe Gras und durch eine Wölbung des Weges gar nicht wahrgenommen hatten. Wir sehen gerade noch ihre Rücken, sehen bei ihrem Aufwerfen, daß es zwei Geweihte sind. Schon fallen sie in den berühmten, weitausgreifenden Trab, so daß ein genaues Ansprechen gar nicht mehr möglich ist, und sind in einem schmalen Dickungsstreifen verschwunden. Wenn wir uns sputen, können wir ihnen vielleicht den Weg abschneiden, denn wir dürfen vermuten, daß sie die kleine Dickung auf der anderen Seite wieder verlassen. Da liegen wir auch schon am Dickungsrand hinter einer Lärche und haben ihn in seiner ganzen Länge im Auge. Die Büchse liegt auf einem moderigen Stubben sicher im Anschlag. Die Spannung wächst. Leise dringt das Geräusch kleiner krabbelnder Käfer knisternd aus dem hautnahen Heidekraut. Eine Blindschleiche schlängelt sich an meiner Hand vorbei, ich beachte sie nicht. Wir warten und warten. Vergebens! Wer weiß, wohin sich die beiden davongestohlen haben. Aber so schlimm empfinden wir das nicht, und die Enttäuschung belastet uns ebenso wenig, ist es doch nicht sicher, ob der richtige Hirsch für mich dabei war. Wichtig nur ist, daß wir wenigstens einmal einen ersten, wenn auch nur flüchtigen Anblick hatten. Das gibt wieder Auftrieb.

Im Laufe des Morgens nach Erfrischung und Frühstück kommt Martin mit seinem Begleiter ans Fenster. Einen frischen Bruch trägt er am Hut. Er hat den ihm zugedachten Hirsch geschossen und ist begreiflicherweise glücklich. „Von Herzen Waidmannsheil!" Ich selbst vermag mich jetzt einer gewissen Enttäuschung über meine beiden erfolglosen Ansitze doch nicht zu erwehren, obwohl ich ihm sein Jagdglück wirklich gönne. Zwei Charaktereigenschaften sind es, die angeboren und unheilbar bleiben: die Eifersucht und der Schußneid. Wer schußneidisch ist – und das merkt man einem jeden sofort an – schmälert nicht nur die verdiente Freude des Nächsten, sondern er trägt selber schwer daran und wird auch aus dem bestgemeinten Streben seines eignen Herzens nicht davon loskommen. Glücklich der Jäger, der Freund oder gar Feind seine Beute zu gönnen vermag.

Meine Morgenruhe wird nun leider etwas verkürzt, denn um elf Uhr soll Strecke gelegt sein. Im Schloßhof ist aus breit ausgelegtem Eichenlaub ein Lager bereitet. Auf ihm liegt hingestreckt der Hirsch, man kann wirklich sagen: ein geradezu uriger Hirsch, ungerader Zwölfer der Klasse I mit einem Geweih, das sich sehen lassen kann, dunkle Stangen von eindrucksvoller Masse, von weiter Auslage und ebenmäßig erscheinender Form. Der Hirsch ist schätzungsweise vom 10. Kopf. Sein edles Haupt ruht etwas aufgestützt, dahinter die ausgeprägte starke Brunftmähne, über dem ganzen Wildkörper eine dunkelbraune, zottige Decke! So liegt er da, noch im Tode ein Bild majestätischer Kraft und „Schönheit"!

Alle greifbaren Jäger sind angetreten, und schmetternd schallt's aus sieben Hörnern durch den Hof und über die Mauern der Südseite hinaus. Hirsch tot! Hirsch tot!

„Vielleicht", so sagt in seiner kurzen Ansprache der Jagdherr, „vielleicht sind wir heute abend wieder im Schloßhof versammelt und können einen weiteren Hirsch verblasen". Er meint damit den meinigen. Ach, hätte er doch recht!

Der Abend kommt herbei. Nun ist es Herr Dr. Hopp, der Chef des Amtes persönlich, der mich führen kann, und ich spüre in seinem Verhalten allen fürsorglichen Eifer, der einem Zweifler wohltut und der aufs Neue alle möglichen Hoffnungen weckt, die eine Pirsch nur begleiten können. Wenn fröhlicher Übermut zum Ziele führt, so wird die Jagd ein gutes Ende nehmen. Der grüne VW schnellt wie ein Gepard die Wege und Schneisen entlang, von frohen Worten des Fahrers begleitet, springt über Steine, saust durch spritzende Pfützen und wird endlich an einer Wegspinne abgestellt. Aussteigen, zurechtmachen! Nachdenklich schiebe ich die Patrone, die gute zuverlässige 7x64 TIG, nach vorn.

Der Zero ist auch dabei, Zero, der schon so oft der stumme Glücksbringer war. Die Unterhaltung verstummt. Es ist auf einmal ganz ruhig geworden, die Spannung hat uns gepackt. So geht es der Kanzel am Blößeneck des Birkenackers entgegen.

Ich habe mich im Reitersitz so auf die Bank plaziert, damit ich auch ein Stück Wild, das von hinten angezogen kommt, beizeiten erkennen kann. Zwischen uns Jägern fällt kein Wort. Der Wind, mit einer Zigarette kurz geprüft, steht gut. Nun heißt es wieder warten und – schauen.

Wie eine weite, gelblich-weiße Plane dehnt sich die Blöße vor uns aus. Weit drüben sieht man durch eine Lücke, die der Hochwald läßt, hinter einem sanften Gegenhang die Dächer von Villbach, sonst glaubt man sich hier in eine menschenleere Welt versetzt. Des Waldes Allerlei in Alter und Farbe durchsetzt die Blöße vor uns. Brombeersträucher, Himbeerstauden, Distelgewirr, hohes Riedgras und hie und da eine kleine Anflugbirke bedecken sie. Wahllos sind überall bunte Tupfen grünenden und spätblühenden Krautes in sie eingestreut. Das hohe gilbende Riedgras steht leise im Abendwind nickend über halb verborgenen dunklen Wurzelstöcken und dazwischen immer wieder niedere Wollgrasstellen, die einen guten Schuß erlauben würden. Ja, ja, der Schuß! Dort hinten, ganz hinten am Dickungsrand, es mögen zweihundert Meter und darüber sein, wo der Waldrand sich talwärts wendet, tritt vielleicht der „Enggestellte" aus, der Hirsch, den man hier das „Doppelei" nennt, seiner engen Geweihform wegen, der bei einer Nachsuche wie durch einen Zufall in dieser Ecke bestätigt worden war. Minute um Minute verstreicht. Leise zirpen wie immer die emsigen Meisen, indem sie spielend durch die hellgrünen Jungfichtenzweige schlüpfen. Und auch die immer anwesenden Häher rätschen in Abständen im Wald. Sonst aber ist Stille ringsum. Ich falle, ohne daß ich es will, wieder ins Träumen.

Wie hat sich der Ablauf des Jagens im Laufe der Jahrhunderte gewandelt! Ich muß an die Riedingerstiche denken mit ihren Darstellungen von Hatz und von Hirsch. Damals gab es den farbenfrohen, lauten Aufbruch von Pferden und Reitern mit bunten Röcken und Schabracken, von der hitzigen Meute aufjaulender Hunde umspielt. Bald erfüllte die Wälder das laute Gebell, die aufreizenden Töne des Hifthorns und der Rüdemänner anfeuernder Ruf. Man hörte das Keuchen und das vielstimmige Gewieher, das Klirren von Roß und das Knallen der Peitschen. Man hörte den Standlaut und fand die hilflose Abwehr des in die Enge gejagten. Da flogen dann Spieße und Pfeile. Und das Knurren der Bracken, die den Getroffenen an wunder Drossel vollends zu Boden zogen, wurde vom Jubel der Jagdhörner übertönt.

In unseren Tagen geht draußen in der Welt unser Dasein einen lauteren Gang, aber um den Jäger ist es stiller geworden. Leise und oft allein geht er durch den Wald, und dessen Sprache und dessen Wachsen sind seiner Seele ein großes Stück näher gekommen. Er ist der ruhigen Stunde zugetan, der Einsamkeit, die drinnen in des Waldes Tiefe, wie etwa auch draußen über dämmernden Wiesen und Feldern steht. Er hört aufs Gezirpe der Zaunkönige mit der gleichen Liebe, wie auf das Schrecken der Rehe oder auf einen der heiseren Brunftschreie oder sei es auch nur auf das leise, geheimnisvolle Murmeln des Wassers, das aus verborgenen Quellen zwischen moosbedeckten Bachfelsen aufsteigt. Er hört – selbst im Herbst auf das Liebesrufen des Taubers und sieht der Elster nach, die hastig über die Wipfel rudert. Er hat ja Zeit dazu. Er nimmt sie sich und fühlt, wie sich in seinem Innern die ewige Menschensehnsucht und die Sprache Gottes einander genähert haben. –

Die Dämmerung senkt sich langsam auf den Wald. „Kann man noch ansprechen? „Ja, ja, aber natürlich!" Doch die Dämmerung läßt sich nicht aufhalten. Schon haben Bäume und Strauch ihre Farben verloren. Die Gläser suchen zum letzten Mal die Dickungsränder ab. Hat sich dort hinten nicht etwas bewegt? „Da hinten steht ein Stück!" Auch ich sehe es. „Ein Hirsch! Jetzt hebt er wieder das Haupt, wir müssen ihn noch ein wenig herauskommen lassen". Ja, bis der in Schußnähe ist, wird es dunkel sein, so denke ich ein wenig traurig vor mich hin. Unser Atem steht hörbar im Raum der Kanzel, das Blickfeld unserer Gläser hat sich am Rande der Dickung gleichsam festgesaugt. Es kann sich wirklich nur um Augenblicke handeln. Aber der Hirsch steht ja noch so weit. „Das ist der Enggestellte". „Ich sehe nur die Auslage, sehe aber nicht, daß die Stangen oben wieder zusammengehen", und wenn er es wäre! Was soll's jetzt damit? Der Hirsch zieht nicht näher. Ganz schnell wird's vollends finster sein.

„Schießen!" zischt's über mir. „Wie bitte?" „Schießen sollen Sie!" „Bis da hinten?" bringe ich heraus. Es muß recht kleinlaut geklungen haben. „Auf was warten Sie denn? Los, los, schießen Sie!" Ach, was ist das für ein erlösendes Wort! Jetzt nur ruhig bleiben! Ich ziehe den Loden aus, werfe ihn über die Brüstung, greife nach der Büchse, die am Nagel hängt, und da kommt es zu einem der kleinen, gefährlichen Zwischenfälle , die dem Jäger alles verderben können, denn ich stoße beim Abhängen der Waffe mit der Mündung leicht ans

Dach. „Herrgott!" Ruhig in Anschlag gehen. Leise schlägt der Kolben an die Kanzelwand. Das gibt schon wieder einen kleinen dumpfen Ton. Der gute Führer stöhnt auf. „Ei, ei, ei", flüstert er, aber schon bin ich im Anschlag und sehe im guten achtfachen Glas, daß sich der Wildkörper schwarz und groß abhebt vom hellen Hintergrund. Diese durchs achtfache Glas begünstigten Lichtverhältnisse lassen mich auch jetzt weiterhin ganz gelassen bleiben. Mein von mir so geschätztes und oft gerühmtes „Absehen 5" saugt sich in der Gestalt des Hirsches fest. Etwas hoch ansetzen bei dieser Entfernung! Dann ziehe ich ruhig den gestochenen Abzug durch und – raus ist der Schuß, und ich weiß, daß er gut war.

Mit einem Mal ist nun um uns schwarze Nacht. Sehen kann man vorerst überhaupt nichts, denn das Mündungsfeuer hat uns geblendet. Den Hirsch aber hört man über die Blöße seitwärts abgehen. Das prasselt, als flüchte ein Pferd über das rauhe Zeug schräg nach unten. Dürre Äste hört man knacken und Borkenstücke, die am Boden liegen. Dann hört man nichts mehr.

Der Chef will morgen zur Nachsuche gehen, weil er den Hirsch nicht zusammenbrechen hörte. Ich kann ihn dazu bewegen, den Scheinwerfer zu holen, um wenigstens mit mir zum Anschuß zu gehen. „Der Hirsch hat die Kugel, er hat sogar eine gute", so rede ich immer wieder auf ihn ein.

Auf dem Weg zum Wagen kommt wieder Leben in uns beide. Herr Hopp schlägt mir fröhlich auf die Schulter. „So, jetzt ist wenigstens geschossen! Morgen haben Sie ihren Hirsch!" „Wenn wir ihn nicht schon heute haben!"

Zero, der mit recht so allbekannte Verlorensucher, tänzelt neben uns her. Es ist, als spüre auch er, wie ausgelassen wir sind. Schweißriemen an! Scheinwerfer an! Gewehr quergeschultert! Dann geht es polternd und stolpernd über Stock und Stein der weiten Blöße im Licht des Scheinwerfers auf den Anschuß zu. Wir brauchen nicht lange zu suchen, da ist auch schon Schweiß. Der Hund zieht heftig am langen, nun straff gespannten Riemen. Leuchtet da vorne nicht ein Geweihende aus den Disteln? Nun, wer sagt es denn? Wir stehen am bereits verendeten Hirsch. Ein guter Schuß. Etwas hinter dem Blatt „mitten drauf", aber doch so, daß der Schußkanal noch durch den Brustkorb geht. Das soll sich später beim Aufbrechen erweisen.

„Der Enggestellte! Waidmannsheil! Waidmannsheil!" Und schon hat mich mein treubesorgter Führer umarmt. Aus dem stillen, lauschenden Jäger der letzten Stunden ist plötzlich ein ausgelassener Waidgesell geworden. Er faßt mich um und wirbelt mich um den Hirsch, indes er undefinierbare Laute einer unverholenen Freude ausstößt. Wenn uns einer so sähe, wie zwei erwachsene Menschen in reiner Bubenfröhlichkeit nächtlings über die Blöße tanzen! Es bliebe ihm entweder ein ungläubiges Erstaunen, oder er nähme uns, unsere ehrliche Freude begreifend, an der Hand und tanzte mit. Ja, tanzt mit, ihr Waidgesellen, ihr unbekannten lebenden und auch ihr unbekannten toten, die ihr mit gefalteten Händen stumm in euren Gräbern liegt. Tanzt mit und freut euch, denn ihr seht, das Waidwerk geht weiter und das wird euch recht sein. –
Allmählich kommt wieder ein wenig Ordnung in unseren Übermut.
„So, nun lasse ich Sie mit Ihrem Hirsch allein, ich werde mit einem Wagen wiederkommen. Sie werden sich unterdessen ein wenig mit dem Aufbrechen befassen. Den Hund lasse ich Ihnen da". Er stellt den Scheinwerfer auf einen alten Wurzelstock, so daß er die ganze Szene gespenstig beleuchtet und stampft davon.
Da liege ich nun an den halbmorschen Stubben gelehnt im Gräserfeld der einsamen Waldblöße und sehe auf meinen Hirsch, über den der Lichtstrahl des Scheinwerfers gerade so hinwegstreicht. Einige der langen Grasrispen leuchten ganz besonders auf und das eine oder andere Stück liegengebliebener dürrer Äste. Das Geweih kann ich im Rand des Scheinwerferkegels im Halbdunkel eben noch erkennen. Es hat eine seltsame Form mit langen, unregelmäßigen Enden. Die kräftigen Stangen sind nach anfänglicher Auslage oben wieder zusammengeführt, so daß sie sich fast wieder berühren. Die rechte Stange mündet in drei Enden, die aber keine Krone bilden, sondern wie verbogene Zinken einer alten Gabel umeinanderstehen. Die linke Stange ist oben fächerförmig gespreizt wie drei Finger einer großen Hand. So ist dieses ganze Geweih in eine nahezu barocke Form gewachsen, eine Trophäe, gerader Zwölfer, die man nicht alle Tage erbeutet. Ich empfinde eine namenlose Freude!
In den hohen Fichten hinter mir am Blößenrand rauscht ein ganz leiser Wipfelwind, sonst ist Dunkelheit und Stille ringsum. Ab und zu nur dringen verhalten ferne Motorengeräusche über den Berg.

Nun ist ein großer Wunschtraum vieler Jahre in Erfüllung gegangen. Wie habe ich mich nach solchen Minuten gesehnt, nach der bedächtigen Totenwacht am ersten Stark-Geweihten! Und diese Minuten feiere ich jetzt ganz allein in der weiten, weiten Nacht, während es aus den Altfichten hinter mir geheimnisvoll vor sich hin zu raunen scheint, und während über mir die Sternschnuppen ihre hastigen Streifen am Himmel ziehen. Alle Anspannung der letzten Stunden ist einer wohltuenden Gelassenheit gewichen. Manchmal strecke ich die Hand nach vorne, halte den sehnigen nun schon erkaltenden Hinterlauf des Hirsches in der Hand und umfahre versonnen seine Schalen. Ich streichle des braven Hundes wohlgeformten Kopf. Er hatte ihn schon zur Ruhe auf die Vorderpfoten gelegt und blinzelt jetzt wie in verständnisvollem Begreifen zu mir auf. Dann lehne ich mich erneut zurück, sehe wieder in den schwarzen, sternbetupften Himmel hinauf und erlebe diese Stunde Eichendorff'schen Geistes in bewußtem Genuß und in einer ganz bewußten Dankbarkeit. – Aber auch die rote Arbeit will getan sein, und so mache ich es mir an meinem Hirsch zu schaffen. --

Wo die anderen bleiben? Die bringen es fertig und sitzen in feiernder Runde beisammen und haben den glücklichen Schützen vorerst einmal „abgelegt". Später stellt sich heraus, daß es auch so war – wahrhaftig nicht zu meinem Nachteil – denn während ich meine Totenwacht halte, sind alle Mittel einer vorbildlichen Organisation im Gang und das auch noch an einem „dienstfreien" Sonntagabend, so daß wir später allesamt im Schloßhof stehen. Der Hirsch liegt auf dem vom Morgen her noch frischen Eichenlaubbett. Daneben flakkern zwei Flankenfeuer. Die Bläser stehen querab, und an ihrem zugewiesenen Platz die Fackelträger.

Die Förster des Amtes, zum großen Teil mit Frauen und Kindern, nicht zu vergessen als interessierte Zuschauer auch viele „Kurleute" des Dorfes, füllen den Hof.

Das Feuer von den Holzstößen und Fackeln läuft in gespenstigem Züngeln, Flackern und Schattenwurf matt leuchtend an den alten Mauern des Schlosses hinauf. Es zeichnet, wie von unsichtbarer Geisterhand geführt, allerlei Gestalten in den Halbschatten der Nacht bis die Kronen der hohen Linden hinein. Vor den rötlichen Quadersteinen dort hinten, in der fast finsteren Ecke des Hofes glaube ich die Reihe unruhiger Pferde aufgestellt zu sehen, die wippenden Kopfes mit ihrem Zaumzeug spielen. Kurfürstliche Reiter im bunten Halbglanz ihrer Röcke halten die Unruhe der Hufe zurück. Manchmal ist's, als blitze etwas auf vom silbernen Geschirrbeschlag, von Lanzenspitzen und Jagdhornglanz. Die scheckige Meute drängt sich – man kann kurzes Winseln hören – mit eingezogenen Ruten umeinander. So sehe ich sie alle, die in dieser Stunde uns als Wesen einer fernen Welt umgeben, wie sie vor vierhundert Jahren in ähnlicher Weise im Licht des Tages in lautem Zuruf den Hof belebten, wenn sie zurückgekehrt waren von ihrer lärmenden Hatz auf den Hirsch.

Etwas soll noch gesagt werden von den herzerfrischenden Worten des Jagdherrn, von meiner eigenen Freude während der Feierstunde im Hof und bei später Atzung und ausgelassenem Umtrunk im traditionellen Lärchenzimmer. Die Spannung zweier erwartungsvoller Tage hat sich gelegt. Drüben auf dem Brett liegt mein Hut, geschmückt mit dem Eichenbruch, den mir Herr Hopp in herzlicher Freundlichkeit strahlend überreichte. Morgen werde ich ihn stolz nach Hause tragen, werde mit dankbaren Gefühlen diese Wälder wieder verlassen, diese Wälder und Wiesengründe, Waldwiesen und die versteckten, heimlichen Blößen, die mildgeschwungenen Berge und – eine ganze Reihe hilfsbereiter und neidloser Menschen, die darin wohnen.

Der Gebirgsjägerbock

Es soll jetzt von der beschwerlichen Jagd auf einen Bock erzählt werden, der mitten im ebenen Feld bejagt wurde, und der es trotzdem verdient hat, der „Gebirgsjägerbock" zu heißen.
Er war in dem Gemarkungsteil zu Gange, der ostwärts unser Revier begrenzt, etwa 300 Hektar groß, ein sanft gewelltes Hochplateau, so daß die Berge, die sich ringsum aus den Tälern erheben, von ihm aus nur wie mittelhohe Hügel aussehen.

So eine ebene Landschaft, wo der Blick ungehemmt in die Runde geht, kann etwas ungemein Großzügiges haben. Da ist kein Steilhang, kein hoher Baumbestand, die etwa Grenzen setzten; man genießt im Umherschauen das Gefühl der Weite, über sich die allseits gerundete Glocke des Himmels mit ihren allmöglichen Wolkengebilden, und man spürt deren unendliche Freiheit. Das erweckt auch ganz andere Empfindungen als das Jagen im Walde, wo über den dunklen Quellbachkolken die Luft anders riecht als über offenen Feldern, und wo der fichtenwürzige Harzgeruch frühfrischen Nebels mit langen, in der Sonne aufglitzernden Schwaden zwischen hochragenden Stämmen hängt. Daher mag es vielleicht kommen, daß viele Jäger, die das Glück haben, im Wald oder gar im Gebirge jagen zu dürfen, auf den, der nur über Äcker und Wiesen zur Jagd geht, ein wenig bedauernd herabsehen. Sie denken wohl: Wo ist der Baumbestand mit seinen vielen Möglichkeiten landschaftlicher Gestaltung? Wo ist die Abwechslung von schattigem Altholz und sonniger Blöße, von Waldvorsprung und heimlichem Wieseneinschnitt und von Dickungen, Schneisen und Gebüsch? Die leise Pirsch scheint dem Feldjäger leider verwehrt. Man sieht höchstens breitstelzige Kanzeln, die wie drohende Festungen die Fluren beherrschen und von denen aus man das Wild ersitzen muß. Ja, so schnell ist man dabei, in Gedanken unrecht zu tun. Denn wer sich einmal die Mühe machte, auf freier Erde einem vorsichtigen Bock nachzugehen oder der mißtrauischen Altgeiß, der wird sehr bald erfahren, daß auch die Feldjagd ihre eigenen Reize hat, daß sie beschwerlich sein kann und voller Tücken und daß sie des Jägers ganzes Können und seine ganze Erfahrung erfordert. Ich habe es an besagtem Gebirgsjägerbock zur Genüge erlebt.

Unterbrochen wird unsere Feldflur durch mehrere Abzugsgräben, die von Roßkraut bestanden, von Huflattich durchsetzt, verunkrautet und hie und da auch von wildem Bewuchs aus Erlen und Haselnuß begleitet sind. Mitunter findet sich auch ein Wiesenstück, und an seinen Rändern ziehen sich spärliche Schilf- und Weißdornhekkenstreifen entlang. Zu Gebirgsjägerbockzeiten und der seligen „Naturbereinigung" war es jedenfalls noch so.

So etwas gibt, zusammen mit dem Getreide der Felder und mit dem ausgedehnten Mais wertvolle Einstände für das Rehwild. Es verläßt im Frühjahr beizeiten den Wald, um das ganze Jahr über im Feld zu bleiben, bis der erste Frost die Stauden niederdrückt und bis die abwechslungsreichen Kulturen eintönig geworden sind unter dem Pflug. Deshalb ist also das Bejagen solcher „Feldrehe" mitunter auch schwieriger, als es der Unerfahrene annimmt, weil es eben einerseits an der nötigen Deckung für den Schützen fehlt, weil andererseits das Wild auch außerhalb von Roggen, Weizen oder Mais an den Grabenrändern in Schilf und Kraut genügend Deckung findet. Wie oft schon war ein guter Schuß unmöglich, obwohl man den Bock von weitem recht gut im Glase hatte. Sehen und Schießen sind zwei Dinge, die gar weit auseinander liegen, und ich muß immer lächeln, wenn einer sagt: Ich habe diesen Bock heute wieder gesehen, ich hätte ihn schießen können. Meistens hätte man ihn nämlich nicht schießen können. So sieht es also um die sogenannten Feldrehe aus. Man schätzt die Jagd auf sie bisweilen allzu niedrig ein.

Eines Jahres ging in der Gewann „Heschbach" besagter Bock, der ein Gehörn geschoben hatte, das nur aus zwei einander zugeneigten Stangen bestand. Keine Spur von Vereckung, etwas überlauscherhoch, unten imponierend stark. Grau, fast ins Weißliche gehend das Gesicht. Der Bock war alt. Er zeigte auch eine Vorsicht, wie ich sie bei einem andern Bock kaum erlebt habe. Er verließ zur Äsung sein Maisfeld jeden Tag an einer anderen Seite, stand dann am Randklee, so daß gerade noch Haupt und Träger sichtbar waren, oft dazu noch von den Rispen langstieliger Gräser verdeckt. Oder aber er stand an einem der bewußten schrägen Grabenränder, unruhig, da und dort kurz auf- und niedertauchend, hastig, heimlich, man sah nur am Wedeln des Unkrautes, wo er gerade war. Ach, wie sollte man einem solchen Bock unter diesen Umständen beikommen? Es schien schon ein recht vergeblich Unterfangen zu sein. Das aber reizt den Jäger und fordert ihn heraus. Das weckt wieder etwas in ihm auf, was die Jäger lange, lange vor ihm schon antrieb, als sie noch den steinernen Faustkeil in ihren behaarten Händen umklammert hielten.

Vergessen waren die Wälder jenseits des Dorfes mit ihren guten, jagdbaren Böcken. Es zog mich nicht mehr nach den Dickungswiesen, es zog mich nur noch ins Feld, wo der anscheinend Listenreiche von Acker zu Acker zog.

Wenn man Jagdtage aufzählt, die einem „guten Anblick" brachten, so darf man darüber die vielen anderen nicht vergessen, an denen man den ersehnten Bock nicht sah. Man mußte sich dankbar mit der stillen Freude an einer Kette Hühner begnügen, die mit schnelzenden Rufen über die Felder schwirrten, oder man mußte dem Gesperre trippelnder Jungfasanen zusehen, die von der Henne über Rinnen und Furchen geführt wurden. „Gebt nur acht, ihr Kleinen, daß euch der Habicht vom Silberberg nicht greift!" Man lächelt auch zu dem Kiebitz hinauf, der mit seinen gewölbten Schwingen neugierig kreisend den pirschenden Jäger begleitete. Man traf mit dem schnürenden Fuchs zusammen und sah dem Rennen von Rammler und Häsin zu. Aber der Bock war nicht da. – Doch! Dort hinten stand er ja, aber weit, weit weg am übernächsten Weizenrand, kurz untertauchend in des Randgrabens Mulde, drüben wieder hoch kommend und in den Halmen des Nachbarroggens verschwindend. Man ging darauf zu, umschlug vorsichtig die Saat, setzte sich an, von wiegenden Ähren gedeckt, der Wind stand gut, und – der Bock blieb aus.

Ja, da gab es doch einmal einen Abend, an dem man sich innerhalb einer Koppel mit dem Blick nach draußen hinter den dicken Eckpfahl eines Weidezaunes ins Brennesselzeug setzte. Man mußte dazu der Deckung wegen den Stacheldraht durchkriechen, holte sich in den Nesseln verbrannte Hände, hörte, wie auf einmal von hinten die halbwüchsigen, schwarzweißgescheckten Rinder angebraust kamen, die einem dann schnaubend Schulter und Nacken berochen und mit ihren rauhen Zungen kratzend über den Rücken fuhren, bis das ihnen zu langweilig wurde und eines ums andere sich wieder durch die nasse Wiese mit schmatzenden Hufen entfernte. So etwas mußte eben ausgehalten werden, denn man wußte: dort, wo in der Senke der Mais einen kleinen Bogen machte, dort hatte man kurz vorher einen Spiegel verschwinden sehen, und an den dicken Kolben hatte eben noch ein graues Haupt mit wulstigen Dachrosen herumgezupft, es müßte bald wieder erscheinen. Es erschien aber nicht. Und wenn sich das Gold der scheidenden Sonne an den gelblichen Maispflanzenspitzen noch einmal aufflammend entzündete, dann dauerte es nicht mehr lange, bis das frohe Farbenspiel des Tages in ein trauriges Graugrün übergegangen war. Dann war auch bald am Fuße der saftigen Körnerfruchtstauden das Büchsenlicht verschwunden. Man würde nicht mehr richtig ansprechen können, stand auf und zog resignierend den Sitzstock aus dem abendfeuchten Gras. Möglich, daß der Bock indessen vielleicht durch den ganzen Acker gezogen war und schon längst an der gegenüberliegenden, aber von hier nicht einzusehenden Seite im Klee stand. Man müßte eben einen besseren Überblick haben! Was hatte es jetzt gebracht, daß man das begehrte Stück Wild nur von weitem sah? Was brächte es eigentlich, tauchte es, während man so dahinpirschte, plötzlich aus den Halmen heraustretend, vor einem auf? Nun ja, dann stünde man eben da, ein gut sichtbarer, drohender Pfahl in der Landschaft ohne deckenden Strauch, hinter dem man sich einigermaßen hätte verstecken können, oder ohne sonst irgend etwas, wie zum Beispiel den breiten Obstbaum da drüben oder die Stützen des Weidezaunes, wo vor wenigen Tagen noch die Rinder auf der Koppel einem den Rücken beleckt hatten. Ich gestehe es offen: stehend freihändig auf ein Stück Schalenwild zu schießen, war nie meine Stärke. Das lebende Wild ist eben keine bloße Zielscheibe für mich, die Nerven spielen eine große Rolle. Ich muß anstreichen können oder im Liegen schießen, „in Ruhe ins Ziel gehen" muß ich können, dann weiß ich, wo der Schuß sitzt, „annähernd" sei's bescheidenerweise gesagt. Auf dieses Stück annähernder Sicherheit aber hat das Geschöpf ein Anrecht.

Nun war mir im Laufe dieses wochenlangen Pirschens und Ansitzens bei dem Bock bei all seiner sonstigen Unstetigkeit eine einzige seltsame Gewohnheit aufgefallen. Vielleicht könnte sie ihm zum Verhängnis werden. Gegen fünf Uhr in der Frühe pflegte er da, wo der Buxmann'sche Mais an ein Stoppelfeld grenzte, aus dem Unkrautgewirr des dort vorbeiziehenden Grabens zu kommen, dann dicht am Maisrand im Troll entlangzuziehen, den breiten „Leichtweg" zu überfallen und im angrenzenden Mais wieder unterzutauchen. Man fragt sich oft nach dem rätselhaften Innehalten eines Wechsels zu einer ganz bestimmten Tageszeit. Was veranlaßt ein Tier dazu? Welchem Gesetz gehorcht es? Auch hier hatte ich es gewiß mit einem solchen Phänomen zu tun. Diese Gunst der Stunde wollte ich nutzen. Aber schon beschäftigte mich unablässig die Frage nach einer geeigneten Deckung. Wo, ja wo war da ein guter Platz für den Schützen? Erschwerend kam hinzu, daß die Maisrandfurche ein wenig eingesenkt war, so daß der Bock nicht immer ein freies Ziel bot. Der sonst so erfindungsreiche Schott wußte keinen Rat. Man würde weiter pirschen und hoffend warten müssen.

Nun saß auf besagtem Stoppelacker neben dem Mais ein riesiger Haufen aufgestapelten Strohs. Wie ein wuchtiger Klotz erhob er sich in seiner flachen Umgebung. Seine Wände waren steil, aus lauter gepreßten Ballen zusammengesetzt. Versonnen sah ich eines Morgens an dieser Strohwand hinauf. Ei, da hatte ich's ja! Da hinauf müßte man kommen. Dort oben, vom hohen Stroh herab, hätte man gutes Schußfeld. Wie oft schon waren wir hier vorbeigegangen, und nie war es uns aufgefallen, daß hier ein idealer Hochsitz stand. Nun war ich gerade von einer Gebirgsjägerübung zurückgekehrt, und es steckte deshalb noch ein wenig „Unternehmungsgeist" in den Muskeln. „Lieber Schott, sehen Sie doch einmal da hinauf! Auf, auf, wozu sind wir denn Männer vom Edelweiß?" Das Gewehr quer über den Rücken, den Sitz der einzelnen Ballen geprüft, in die Hände gespuckt und hinein in die griffige, strohige Wand! Hinaufgehangelt, Meter um Meter. Hier brauchte man keine Suche für die Füße nach einem Felsvorsprung. Man konnte die Fußspitzen einfach ins Stroh hineinschieben, auf diese Weise fanden sie immer Halt. Und so ging es weiter. Tritt um Tritt, Griff der klammernden Hände, Stück um Stück. Wenn nur die Preßballen hielten! Und sie hielten! Endlich waren wir oben. Oh, du herrlicher Rundblick nach allen Seiten! Da laufen die Furchen, dort steht der Klee. Unter uns raschelt leise der warme Sommerwind im ausgedehnten Feld der Maisblätter. Dort hinten, einen Büchsenschuß weit, verlief der Graben, an dessen Rand es von Butterblumen und vereinzelten Mohnblüten leuchtete. Das war der Platz für morgen früh! Frohen Mutes „seilten" wir uns wieder ab. Mein guter, schlauer, du mein listiger Bock, vorsichtiger Drückeberger vor all meinen Mühen, jetzt werden wir doch bald endgültig zusammentreffen.

Am nächsten Morgen war ich allein. In der Dunkelheit ging ich auf meinen neuen Ansitz zu, stand tastend an der Wand, aus der es moderig roch, und deren Halme unter meinen ersten Griffen knisterten. Das war verräterisch. Behutsam ging es die Steile hinauf, Ballen um Ballen. Es kam mir viel zu geräuschvoll vor. Behutsam hangeln, schieben und ziehen! Und endlich sich möglichst leise über den

Rand des Strohhaufens schieben! Steht auch nicht nah bei mir der Bock und sichert schon längst nach mir hin? Eräugen kann er mich nicht, noch ist es Nacht um mich her. Ich liege still und lausche angespannt in dieses Dunkel hinein. Allmählich erkennt man den ersten grauen Schimmer dort hinten über den Fichtenwipfeln des „Sauwäldchens". Ich höre das erste, hauchzarte Stimmchen einer Meise, das erste Ticken einer Amsel weit drüben im Birkenbusch und freue mich auch wieder über das beginnende Lerchenlied. Zunehmend wird es heller, und das reiche Allerlei der Fluren wächst aus der schlafenden Nacht. Man kann noch nichts Genaues erkennen und hat noch genügend geruhsame Zeit, sich entspannt der Stimmung der Stunde hinzugeben.

Unter mir raschelt und wispert es leise im Stroh. Die Mäuse sind am Erwachen. Der erste Rebhahn lockt schnalzend aus den Kartoffelstauden. Die Krähen haben ihre Schlafbäume im Schloßberg verlassen und fliegen quarrend über mich hinweg. Ob sie die Umgebung warnen? Schon rötet sich der Himmel, wird gelblicher und heller, und ganz droben zwischen ersten Sonnenstrahlen kreist bereits der Bussard, und sein früher Katzenschrei scheint die Erde vollends zu wecken. Allmählich belebt sich das Feld. Ich kann die einzelnen Äkker unterscheiden, und ihre Farbenunterschiede zeichnen sich deutlich voneinander ab. Der Tag ist da.

Geduldig liege ich auf meiner hohen Warte und schaue in den Morgen hinein. So eine Stunde des Gelöstseins ist herrlich. Sie ist aber auch in der Vielfalt ihrer Erscheinungen, die man dabei beobachten kann, dazu angetan, den Jäger von seinem eigentlichen Ziel abzulenken, ein Flug Tauben etwa, der da vorn auf dem Stoppelfeld einfällt, die Kiebitze wieder, die alles, was da geschieht, neugierig umschaukeln oder der Rote Milan, der vom „Koloniewald" her in langsam klafternden Schwingenschlägen anfliegt oder auch – immer wieder die Lerche, ewig fröhlicher Musikant des Feldes – wenn sie sich mit Trillerflügelschlag in direkter Linie steilauf dem Blau des Himmels entgegenhebt. Wie lange würde ich sie mit dem Auge verfolgen können?

Später sollte ich mich schelten, daß ich so unachtsam war. Aber wer ist schon Jäger und achtet solchen Geschehens nicht? Denn all das gehört nun einmal zusammen. Hier im weiten Feld gibt es erst recht

Grund genug, die Weite der Natur zu genießen und alles zu beobachten, was sich an Gräben und Rainen, Furchen und Unkrautge-
heck und in der Freiheit des Himmels bewegt. Die berühmten, großen und kleinen und so beliebten „Dinge am Wegesrand".
So war ich also an jenem Morgen allzu sehr abgelenkt von Tauben-
gurren und Vogellied und achtete zu wenig auf den Wechsel des
Bockes, und der Bock war mit einem Male da. Eilig, nickenden
Hauptes zog er am Mais entlang, und ehe ich mich's versah, befand
er sich schon auf meiner Höhe. Aber war er es denn auch wirklich?
Waren die Stangen nicht heller als die des „Meinigen"? Noch einmal
das Glas zu Hilfe genommen! Wie umständlich zieht es sich unter
der Brust heraus! Und wie eilig hat es heute der Bock! In solchen Situationen kommt es zu dem bekannten Kampf um die Sekunden.
Das Herz beginnt, wie toll zu klopfen, der Atem wird schneller und
zieht hörbar ein und aus. Die Ruhe der Hand weicht einer fiebrigen
Hast. Doch, er war es. Es war der ersehnte, der schon so lange mühsam, ja mühsam umpirschte Bock. Das Gewehr nach vorn! Wie laut
das wieder war! Mitgeschwenkt und gepfiffen. Der Bock verhoffte
nicht, kam vielmehr zwischen einzelnen vorspringenden Maispflan-
zen in Troll, überfiel mit einem gewaltigen Satz den „Leichtweg"
und war im angrenzenden Mager'schen Mais verschwunden.
Ach, ach, ihr Dinge „am Wegesrand". Du abwechslungsreiche Flur,
du Himmelsblau! Ein Träumer bin ich wieder einmal gewesen. Das
habe ich nun davon. Nachdenklich entladen und abgeseilt auf die
Erde. Heimwärts geht's mit leichtem Gepäck, wie so oft. Aber der
Morgen, ja, dieser Morgen von der Höhe eines Strohhaufens herab
genossen, war er nicht wunderschön?
Am nächsten Tag war Schott dabei. Es war schon hell, als wir am
Strohhaufen ankamen. Schott sollte zuerst einmal das Maisfeld umschlagen, ob unser guter Freund nicht etwa heute irgendwo anders
ein Stück Äsung gefunden hätte. Er war aber nirgends zu sehen.
Nach gelungenem Hochhangeln am Strohwürfel lagen wir dann
oben auf der Lauer. Heute sollte mich nichts ablenken, was immer
auch um mich geschähe, heute sollte meine ganze Aufmerksamkeit
der Senke da drüben gelten und dem Graben, an dessen Rand wieder
vereinzelte Mohnblumen im ersten Morgenlicht glühten und in dem
die vielen deckenden Roßkrautstauden standen. Viele sahen aus wie

das Haupt eines Bockes. Wenn man lange genug hinsah, konnte man meinen, es ragten die Häupter vieler Böcke hervor, hier einer und dort einer und rechts oben nach den Nußbäumen zu noch mehr. Der Erlkönig fing an, den begehrlichen Jäger zu narren. Die Stauden aber bewegten sich nicht von ihrem Platz. Sie wiegten sich nur wenig im leise wehenden Morgenwind, sonst blieben sie, was sie waren. Der Bock aber war weiterhin unsichtbar.

Inzwischen hatten überall die Vögel zu singen angefangen. Der Kuckuck rief im Wallmertsberg. Ein kleiner Schwarm Stieglitze löste sich zwitschernd aus langstieligen Wollgrasbüscheln, unter denen es von Schöllkraut und Mariendistel blühte. Oh, lasse dich nicht ablenken und denke daran, daß du heute nur Jäger sein darfst! Wir warteten und warteten. Das kann recht lange dauern, besonders für einen, der sich das Umherschauen in so viel Schönheit verbietet.

Doch es konnte nicht mehr lange währen, es war ja gleich fünf Uhr. Fünf Uhr? Man sollte meinen, das Wild stünde mit Tagesanbruch schon auf den Wiesen und Feldern. In diesem Revierteil aber hatte sich – wenigstens im Hochsommer – ein anderer Rhythmus herausgebildet. Da tat sich von Sonnenaufgang an einmal gar nichts. Die Äsungsflächen lagen still und leer. Allein, wenn es gegen fünf Uhr ging, dann zeigten sich an den Getreidefelderrändern rotbraune Tupfen. Ein Kopf sah aus den Rispen heraus, ein Paar schwarzbraune Lauscher tauchten zwischen den Halmen auf, ein roter Körper schob sich aus dem schützenden Grün. Das mußte man wissen, wollte man im Abwarten nicht die Geduld verlieren.

Allmählich wäre es an der Zeit! Wenn der Bock bei seiner gewohnten Pünktlichkeit blieb, so müßte er halblinks von uns, wo der Heschbachgraben verlief, auftauchen und am Maisfeld entlang auf uns zugezogen kommen. Gleich müßte es soweit sein. Bleibt mir beiseite, Lerchenlieder, Kuckucksruf und Kiebitzgeschrei, Mohnblumenblüte und Lupinenglanz! Jetzt war es fünf Uhr, jetzt war die Zeit da für den Bock. Wir lagen gespannt. Unter uns knisterte es wieder wie verstohlen im Stroh, und wir spürten, wie sich dicht vor dem Gesicht unser Atem mit dem Duft der ausgedroschenen Garbe mischte. – „Da! Schott, sehen Sie hin! Das ist kein Roßkrautblatt! Das ist ein Lauscher! Und die Spitze dabei, sie ist kein entblätterter Stengel, es ist die leicht geschwungene Stange des Bockes! Und da kommt er auch schon!" Wie erwartet, schräg links von uns aus dem bergenden Durcheinander des Grabens. Wir sahen zuerst das Haupt, das sichernd vor sich hin starrte. Dann hob sich der Windfang um ein weniges und streckte sich noch höher schnuppernd nach oben. Langsam kam Bewegung in den Bock. Er wuchs aus dem Graben heraus, Haupt, Träger, Brustkorb. Und gleich darauf zog er zügig voran. Würde es heute gut gehen? Die Waffe lag längst schußbereit an der Schulter. Langsam mitschwingen, bis er auf unserer Höhe ist. „Bö!" Das ließ den Bock jäh verhoffen und – fast gleichzeitig war der Schuß hinaus. Und wieder knisterte das Stroh unter uns. Wir sahen uns an und lachten.

Nun konnten wir – so wie ich gestern allein – mit Ruhe die ganze Schönheit des Rundblicks von unserem Turm genießen. „Sehen Sie all únsere Pirschwege? Sehen Sie die Ansitzplätze? Den Bock hätten wir auf andere Weise nie bekommen." Die Sonne war höher gestiegen. Wir mußten den Bock versorgen. Aber es fiel uns echt schwer, uns von unserem Platz zu trennen. Einen letzten Blick in die Runde dieser Felder zu den Nußbäumen hinüber, zu den Sauwaldfichten, die grau im Dunst des Gegenlichts standen. Ein Blick auch über das wellige Ährengewoge zum Schloßberg, zum Himmelsberg endlich und zum „Häuschen" hinauf und hin zum „Breiten Stein". Bald könnten wir wieder in ihrem Schatten jagen, an ihren Waldwiesen und in ihrer Blößenheimlichkeit. Dann ging es die Strohwand hinunter und hin zu meinem Bock.

Die Blüten neben dem Haupt, das zu endgültigem Schlaf im Grase lag, waren wieder von summenden Bienen umflogen. Vereinzelte Stengel, die sein Niedersinken zu Boden beugte, hatten sich wieder aufgerichtet, und ein Käfer schob sich den hingestreckten Lauf entlang. Der wehrte ihm nicht mehr.

Ich hielt das Gehörn, das so einfach nur ausgebildet war und in seinem Maße so sparsam, dankbar in der Hand, als wäre es eine kapitale Trophäe.

Nach dem Aufbrechen richtete ich mich auf und sah gerade noch über fernen Getreidespitzen den Kopf von Heldmann, dem Waldläufer des befreundeten Nachbarn Fritz, wie er mit seinem Glas nach uns herüberschaute. Er war als Spaziergänger erlaubtermaßen dem Schuß einmal nachgegangen. Oh, er wußte genau, was sich in den letzten Wochen hier tat, hatte nun Kenntnis genommen vom erfolgreichen Abschluß einer spannenden Episode. Was er aber nicht erkennen konnte, das war die Freude da drinnen in meiner Brust, die Freude eines vorübergehenden Feldjägers über seinen heimlichen und nun doch auf einmalige Art erlegten „Gebirgsjägerbock".

Herbstmorgen am Tannacker

Regen und Sturm, feuchtkühlende Luft! Wipfelrauschen und Windeswehen durch Busch und Unterholz! Nirgends ein Platz, der noch einen Rest sommerlicher Wärme ahnen ließe. Nirgends eine Höhle, in deren Schutz man den Unmut des Wetters nicht spürte. So ging es heuer eine ganze Zeit. Und solche Tage können lang sein und feindlich, besonders dem, der unter den Wolken leidet und unter dem noch verborgenen Frost, den ihre nässeträchtige Last bald mit sich bringen wird.

Deshalb empfinde ich auch den heutigen Morgen in seiner Windstille nach den vielen unruhigen Tagen wie eine wohltuende Erlösung. Ein wenig Nebel ist zwar noch da, aber ich hoffe, daß ihn die Sonne vertreibt und nicht nur der Wind. Es könnte ein guter Jagdtag werden.

Zum Tannacker will ich fahren und dort nach den Geißen sehen. Auch die Jagd auf sie kann reizvoll sein, wenn ihre Zeit gekommen ist, und spannend und voller Abwechslung. Das habe ich zu meinem Pech vergangener Tage in den Kemswiesen erleben müssen, wo das struppige Schmalreh geht in einem Sprung von fünf Stücken. Die Altgeiß, die dabei ihre beiden starken Kitze führt, ist überaus vorsichtig. Ihre Aufmerksamkeit ist größer als das Mißtrauen manch alternden Bockes, und ihr Windfang scheint dem des Rotwildes im Aufnehmen feindlicher Witterung nicht nachzustehen.

Vor wenigen Tagen war es, als ich mich am Zaun der Gärten entlangschob dem Fischteich entgegen. Noch steckte die Dämmerung in den Buchten des Gesträuchs. Durchs Glas aber müßte „die Struppige" schon auszumachen sein. Im Schilf zu meiner Linken raschelte die Morgenluft. Die ersten Krähen schwangen sich von den Ästen der alten Brüchelskiefern und flogen krächzend dem Tannacker zu. Das war mir gar nicht recht. Krähen und Elstern sind die warnenden Wächter, und die Rehe werfen sichernd auf und werden unruhig. Wenn nur nicht der Reiher wieder auf dem Geländer des Mönchsteges stünde. Sobald er sich aufnehmen würde und aus der Höhe seinen heiseren Schrei ertönen ließe, der über die Wipfel der Bäume wie ein ärgerlich Klaglied erklingt, wären die Lauscher der Tiere prüfend aufgerichtet, und es erschiene dem Wild besser, im Wald in Deckung zu gehen, als auf der Wiese weiter zu äsen.

Langsam pirschte ich voran. Um die Buschecke dort müßte ich noch sehen können, ob der Sprung, den ich seit langem kenne, nicht etwa noch sichernd am Rande des Schilfes verhoffte. Und wirklich, da standen sie noch, waren sogar noch vertraut und knapperten unschlüssig an langstieligen Blättern. Im gleichen Augenblick jedoch spürte ich, wie ein leiser Windhauch mir kosend um den Nacken strich, und ehe ich recht ans Ansprechen kam, sah ich die hellen Spiegel im aufgeschossenen Schilf verschwinden.

Auch heute war es ähnlich; ich kam nicht zum Schuß. Wenn ich aber jetzt in den Nebel hineinsehe, der über mir steht, dann ist es mir doch, als lichte er sich gelb-rötlich auf. Das ist immer ein Zeichen, daß ihn die Sonne durchringen will und daß sie bald des Himmels weites Blau aufs herbstliche Land freigibt und daß ihr spärlicher Schein auf die Ränder des Altholzes zu liegen kommt und auf die bleichenden Blößen.

Ich will also deshalb zum Tannacker fahren. Dort werde ich vermutlich finden, was ich suche, besonders da, wo ein paar alte Eichen den Waldrand säumen. Sie haben in diesem Jahr überaus gut getragen und gaben in der Fülle ihres Wachstums eine regelrechte Mast. Auf den Wegen, die sich am Wald entlang ziehen, liegen die knackigen, bräunlichen Früchte wie hingesät, und Sauen und Rehe tuen sich gütlich dran. Das hält das Rehwild lange in den Morgen hinein in den hohen Beständen oder an ihren Rändern fest, wo sie sich plätzend beschäftigen können oder auch nur mit dem Äser hineinzufahren brauchen in die reiche Ernte, die da so selten über sie hereinkommt.

Der Tannacker ist ein ausgedehntes, rechteckiges Waldstück in allen möglichen Wachstumsformen. Er besteht in seinem östlichen Teil aus einer zumeist mit Lärchen durchsetzten Dickung mit einem dichten Brombeeruntergestrüpp. Kleine Schluchten durchziehen seine Wirrnis und bieten Schutz und Deckung, besonders für den Fuchs, der hier in einigen Röhren haust. Weiter oben gegen das freie Feld der „Kühruhe" zu ist ein lichter Jungkiefernbestand, der sich nach Westen immer mehr verjüngt und endlich in eine ganz niedrige Kultur übergeht mit ausgiebigem hohem Gras. Das Rehwild liebt sie sehr, sie gehört zu den geschätzten Kinderstuben des Waldes. Die Südwestecke des Tannackers füllt ein alter Mischwald mit wuchtigen Kiefern und Buchen, weitgestellt und großräumig, so daß die Sonne bis auf den Waldboden durchdringen und über seine teils nadelbestreuten, teils blätterüberhäuften oder moosigen Platten ihre Strahlen ziehen lassen kann und so auch der Mond des Nachts. Ein mit hochstieligen Riedgräsern und Binsen überwachsener Weg führt mitten durch dieses abwechslungsreiche Holz. In alten Radfurchen steht das Wasser, von verborgenen, winzigen Quellen auch den Sommer über gespeist, und hält die Feuchte auch durch die heißen Tage. Das kommt den Sauen zugute, die sich bisweilen im angrenzenden Dickicht stecken und in der wassergefüllten Rinne suhlen oder auch dem kleinen Feuersalamander, dem liebenswerten, tollpatschigen Gesellen, den man hier nach schweren Regengüssen geruhsam und unbeholfen seines Weges ziehen sieht. Holunderstrauch und Vogelbeere neigen ihre Äste über den Pfad und geben ihm zu Johannis einen leuchtend weißen, in den Herbsttagen einen nicht minder strahlenden, roten Schmuck, in dessen farbigem Allerlei sich die muntere Schar vor sich hinschwätzender Eichelhäher tummelt und aufstöbernd die ganze Gegend vor dem Jäger warnt. Zur Ranzzeit kann man das quietschende Geschrei der Marder hören, in den hellen Nächten den wimmernden Ruf des Kauzes, der in den knorrigen Föhren zu Hause ist. Ja, in diesem verträumt anmutenden Gestell fühlt man sich zum stillen Pirschen angetan, verhalten und leise, von einem Bäumchen zum anderen, stehenbleibend, Ausschau haltend in das Dämmergrün hinein, hinhorchend nach den Vogelliedern oder nach des Bussards langgezogenem Katzenschrei, insbesondere im Frühling, wenn diese Beherrscher des Himmels in weiten Bahnen balzend umeinanderschweben.

Vorsichtig nähere ich mich der Blöße. Mehrmals geht das Glas suchend hin und her. Kein Zeichen eines Wildes ist zu erkennen. Dafür glitzert der Tau umso lebendiger auf der bereiften jungen Pflanzung. Gleißend bricht sich die Herbstsonne auf Büscheln und Gräsern und auf den Spinnennetzen, die sich zwischen den Spitzen kniehoher Fichtchen spannen, glänzt die Unzahl kleiner Perlen und läßt ihr Filigran in wunderbaren Mustern schillern. Wie dankbar genießt man des Herbstes milde Gaben, wenn er mit seinen rohen Kräften schon so zeitig seine düstere Seite zeigte.

Im Hochwald, an dessen Kante ich angelangt bin und an dem ich nun behutsam weiterpirsche, höre ich, wie hie und da der schmelzende Reif von den letzten noch verbliebenen Blättern tropft. Deren kärglicher Rest blüht noch einmal rotschimmernd auf. Und wenn ich hinaufblicke in das ehedem im Sommer so füllige Blätterdach, so ist das schon recht licht geworden und spärlich, dafür aber erscheinen die Blattränder durch das Spiel der Morgensonne in aller Freude einer bunten Jahreszeit noch einmal leuchtend aufgehellt. Man darf sich nur nicht ihrer baldigen Vergänglichkeit erinnern, sonst wird man nachdenklich und in sich gekehrt, denn wie lange wird es dauern, bis ein neuer Sturm das allerletzte Laub aus den Bäumen weht, ehe sie sich endgültig zum Schlafe rüsten. Und ihre Äste werden kahl, und ihr feingesponnenes Gezweig, das sich vor wenigen Wochen noch der Sommersonne entgegenhob, wird schneegebeugt der Erde zugewendet sein.

Ich will des Windes wegen einen Bogen schlagen und am „Mohgerech" – so heißt im Volksmund der südöstliche Zipfel des Tannakkers – am Rande des Unterholzes weiterpirschen. Rechts ist ein mannshoher Rain, hinter dessen Randgebüsch eine zu dieser Stunde für mein Jagen hoffnungsvolle Blöße liegt. Die Sonne hat nun endlich die Herrschaft über den Nebel gewonnen und scheint wärmend auf die junge Kultur. Hier kam im vorletzten Winter ein Fuchs im frischgefallenen Schnee auf mich zugeschnürt. Vom Feld her hatte ich ihn kommen sehen und beobachtet, wie er in der Dickung verschwand und hielt nicht weiter acht auf ihn, bis er plötzlich wieder auf der freien Fläche erschien, aber immer so verdeckt, so daß entweder – nur für Augenblicke – die Gehöre, der Rücken oder auch die steilaufgerichtete Lunte zu sehen waren, wenn er nach einer

Maus sprang. Hastig hangelte ich die Sprossen der nahen Leiter hinauf, um einen besseren Überblick zu haben. Die Büchse über die Auflage geschoben! Ziel gefaßt! Gestochen! – Im gleichen Augenblick aber war Meister Reineke hinter der ersten größeren, tiefastigen Fichte verschwunden, um sich dann auch nicht mehr zu zeigen. Das war wieder einmal die so oft erlebte, oft beschriebene Sekunde, die über das Leben einer Kreatur entscheidet.

Ob vielleicht heute wieder ein roter Balg zu sehen ist oder die graubraune Decke eines Rehes? Wie oft schon hat sich das Wild hier im Freien aufgehalten, wenn die Nacht kühl gewesen war und wenn dann der Morgen mit seiner frühen Sonne wärmend herniederschien. Dort, wo der Rain ausläuft und wo der Hochwald anfängt, habe ich guten Einblick auf die junge Pflanzung. Da muß man sich nun Zeit nehmen und mit dem Glas alle Zwischenräume von einem Jungbäumchen zum anderen absuchen. Aber es ist dieses Mal nichts zu sehen als nur leise nickende Gräser, deren bereifte Wedel im Morgenlicht glänzen.

So muß ich mich dem Hochwald zuwenden. Er ist schon stark gelichtet, so daß er sich stellenweise ausnimmt wie eine hohe Halle, deren Dach auf weitgestellten stolzen Säulen ruht. Das Wild treibt sich in seinem Schutz, nachdem es vom Freien her eingezogen ist, gerne noch eine Weile bummelnd hier herum, am Boden suchend, hie und da rupfend, sich leckend und mit dem Hinterlauf sich an der Lauschermuschel reibend, sorglos in seine vertraute Umgebung eingebunden. Es vermutet keinen Feind. Mag sein, daß auch heute der mir bekannte Sprung beisammensteht, zwei Böcke, eine führende Geiß und eine andere, die offensichtlich keine Kitze hat und links vorne ein wenig schont. Auf diese soll es mir ankommen.

Der Wald scheint leer zu sein. Es lugt auch aus den dürren Bodenästen kein Lauscherpaar hervor, das etwa ein niedergetanes Stück anzeigte. So gehe ich denn weiter am Waldsaum entlang. Bis zur Biegung dort will ich noch pirschen und dabei immer einen Blick schräg durch die Stämme werfen bis dorthin, wo oben der Grasweg mündet. Auch dort stehen einige halbwüchsige Eichen, deren Mast verlockend zwischen dem Fallaub liegt.

Hinter der sanften Krümmung des Saumweges sehe ich plötzlich einen verdächtigen braunen Strich. Ist es der Rücken eines Rehes?

Schon fährt ein Haupt sichernd in die Höhe. Der Spießbock ist es, der zu dem gesuchten Sprung gehört. Ich kenne ihn, er dürfte nicht allein sein. In aller Vorsicht drücke ich mich geduckt an dem langen Holzstoß zu meiner Rechten voran. Und da sehe ich sie alle. Unter den Randeichen nehmen sie die nahrhaften Früchte auf und ziehen dabei emsig umeinander. Ach, es ist schön, ihrer eifrigen Beschäftigung ein wenig zuzusehen. Besonders achtsam benehmen sie sich eigentlich nicht, sie sind ganz ihrer Mahlzeit zugewandt. Es ist somit auch nicht schwer, die gesuchte Geiß auszumachen. Dort zieht sie gerade ein Stück aufs Feld hinaus. Im Liegen erkenne ich nur ihren Rumpf, das reicht, und meine liebe, oft genannte „Silberbüchse" schickt wieder ihren kurzen Knall in den lichtbesonnten Herbstdunst.

Die Geiß ist hinter dem Rücken des Weges verschwunden. Langsam richte ich mich auf und sehe mich um. Dort auf dem frischgepflügten Acker erkenne ich einen langgestreckten, bräunlichen „Klumpen" und gehe zuversichtlich und zufrieden mit mir selbst darauf zu. Aber – es ist nicht die Geiß, die da liegt, es ist nur eine riesige Scholle, wie sie heutzutage von einem Traktor ausgeworfen werden. Zu Zeiten der Pferdegespanne waren die Äcker noch nicht in so schweren Brocken umgewälzt. Der motorische Pflug greift tiefer in den Boden. Er hat zwar schon manche Tonscherbe aus längstvergangener Geschichte wieder ans Tageslicht gebracht. Aber dennoch – bei all seinem ungewollten Dienst an der historischen Forschung – erscheint die Furche, die er zieht, roh und rücksichtslos.

Aber wo ist die Geiß? Konnte ich doch meiner Kugel meistens vertrauen. War ich doch mit diesem Gewehr im Lauf der Jahre so richtig verwachsen! Zwischen dem Jäger und seiner Lieblingswaffe spinnt sich mit der Zeit so etwas wie eine bewußte Verläßlichkeit. Sie formt das stumme Gefüge aus Kolben, Schaft, Zielglas und Lauf gleichsam zu einem lebendigen Gefährten.

Nun sollte man aber doch einmal zum Anschuß gehen! Ich finde keine Schußzeichen, keinen Schweiß, kein Schnitthaar! In mein Suchen mischt sich bald ein Stück Hast und pessimistische Ungeduld, aber es ist nicht gut, wenn auf diese Weise des Jägers Sorgfalt an Gründlichkeit verliert. Ein wenig niedergeschlagen will ich schon zum Wagen zurückgehen, um im Dorf den Hund zu holen, den un-

ser Jagdaufseher zur Zeit bei sich zur Pflege hat. Nach einigen
Schritten jedoch, während der kurze Vorgang von Anschlag, Zielen
und Schuß noch einmal an meinem geistigen Auge vorüberzieht,
möchte ich doch wieder an ein gutes Gelingen glauben, mache kehrt
und wende mich der Waldecke wieder zu. Man mag es mir nicht ver-
denken, wenn ich eine Viertelstunde dieses Morgens in Einzelheiten
beschreibe, aber ihr Ablauf gehört eben zu jenen Dingen, die für
den, der da jagen geht, so wichtig sind. Da ist er doch mit ganzem
Herzen dabei, und ihre Spannung füllt einen nicht unwichtigen Teil
in seinem Erleben und auch in seinem Empfinden aus. Und selbst
wenn er keine „Trophäe" nach Hause trägt, da ist es das reine Erinnern, das schon so manchen Wert vielfältiger Situationen schuf.
Langsam kreisend enge ich nun die Stelle des vermutlichen Anschus-
ses ein. Suchend gleitet der Blick über den Boden. Kleiner und kleiner wird der Kreis der Schritte – aufatmend bleibe ich plötzlich stehen, denn vor der Spitze meines Fußes liegt handtellergroß ein Flek-
ken teils dunklen, teils hellblasigen Schweißes. Sorgfältig tastend
geht das Glas noch einmal von Scholle zu Scholle. Da liegt weit und
breit kein Reh. Ich muß mich wieder auf meine Augen verlassen, sie
vertreten die Nase des Hundes. Es ist dieses Mal nicht schwer, denn
in den Acker hinein deuten kleine Spritzer. Meter um Meter folge
ich der Fährte. Verhältnismäßig weit geht sie ins Feld, schwenkt
langsam dann im Bogen wieder auf den Waldrand zu. An seinem
kleinen Rain sind die Gräser hoch hinauf schweißig abgestreift, auf
den Blättchen der Heidelbeere leuchten deutlich kleine rote Pünkt-
chen, sie leuchten wie frohe Blüten, und doch ist es nur die schmale
Straße des Todes. Wenige Schritte noch, dann liegt vor mir die schon
verendete Geiß. Der Schuß saß gut, und dennoch war so viel Leben
in ihr, wie man es eigentlich nur bei einem Bock in der Blattzeit findet.
Während das tote Reh ausschweißend am frisch geschnittenen Ast-
stumpf einer Kleinbuche hängt, sitze ich am Fuß der schweren
Randkiefer, angelehnt an ihren grobborkigen Stamm und schaue
aufs Feld hinaus. Ich muß an so manche Stunde denken, die ich im
Tannacker verbrachte. Von hier aus schoß ich vor vielen Jahren über
die Senke hinweg einen meiner ersten Kugelfüchse. Von hier aus
schoß unser Jagdaufseher sein erstes Stück Schalenwild. Hier war es

auch, wo ich eine volle Stunde hinter dem noch frischen Wurzelauf-
wurf kauerte und in die Mulde des Weizenackers hinübersah, wo
der begehrte, starke Bock sich zögernd durch die Halme schob. Es
gab damals im geneigten Getreide viele Lücken, die ein schwerer Regen verursacht hatte und die nun von vielen Winden und Unkräu-
tern durchsetzt waren. Ein Stück Wild hat manchmal in seinem spielerischen Treiben so unendlich viel Zeit. Und die nahm sich damals
mein starker Bock und wollte nicht auf einen der grünen Placken
hinaus. Mit den Weizenähren trieb er es, die er sich um sein graues
Haupt wedeln ließ. Im Auf und Nieder rieb er sich die Stirn wie damals am Teichberg das „Gespenst". An Windenblättern und Grasrispen pflückte er um sich herum, doch seinen Körper gab er nicht
frei. Das ging wie gesagt just eine Stunde so. Die Tauber ruksten,
und der Kuckuck rief. Die Buchfinken schnalzten lautschallend
durch den sonnenbestrahlten Wald hinter mir, und ich hörte ihnen
zu und sah hinüber zu meinem Bock, dieweil der Drilling schußbereit auf dem Fächer des Wurzelwurfes lag. Der aber ist heute in sich
zusammengesunken. Auf seiner ehemals erdigen Kante breitet sich
jetzt das Polster grünen Mooses wie eine warme Hand. Zackenmuster der Walderdbeere zieren seinen inzwischen regenverwaschenen
Rand, und um die schwarzen Wurzelreste, die sich nach der Seite
spreizen, wedelt der Farn. So schreitet die Zeit dahin. – Den Bock
bekam ich damals doch dank meiner Geduld.
Inzwischen geht es schon in den Mittag hinein. Wie gerne läge ich
noch eine Weile hier und dächte all der schönen Stunden, doch ich
muß wieder heimwärts. Und so nehme ich sie auf, meine Geiß. Wieder ist ein Stück Jagderleben vorbei, vergangen zwar in seinem zeit-
gebundenen Ablauf, bleibend aber in meinem Gedächtnis, allwo ich
es als eine weitere, geliebte Beigabe zu meinem Jägersein im Tannak-
ker bewahre.

Das Bahlerts

Den ganzen Tag über schien die Sonne, und es war drückend schwül. Auf der Emmert liegt jetzt noch die ganze Hitze dieses Sommertages. Wenn das Wetter nur hält! Die Sorge scheint berechtigt, denn aus dem Rheintal schiebt es sich langsam herauf, Wolkenballen, deren Düsterkeit nach Gewitter aussieht. Ein leichtes Rumoren schon zieht von Westen her durch das Gewölk. Vielleicht ist es besser, ins Bahlerts zu eilen, wo die Hütte nah ist, in die man sich, wenn's darauf ankommt, einschieben kann.

So lassen wir, die Gefährtin und ich, den Ansitz auf der Höhe sein und gehen durchs Schlanoh hinab ins Bahlertswiesental, vielleicht treibt dort der Hüttenbock. Da stehen wir nun und schauen hinunter bis dorthin, wo der breite Erlensaum das Tal abschließt. Der Talgrund selbst liegt schon im Schatten. Umso heller erscheint zu unserer Rechten der Wald, auf dem eine seltsam gespenstige Beleuchtung als Vorbote des nun doch näher kommenden Gewitters liegt. Es wird gut sein, das kleine Häuschen da vorne aufzusuchen. Einer unserer Vorgänger hat es aus Holzschwarten und Birkenstämmchen aufgestellt, mit Borkenstükken abgedichtet, Platz bietend für zwei Menschen, für uns zwei Menschen, die in der Enge aneinandergedrängt nun hinübersehen auf den jenseitigen Buchenaltholzrand, dessen Äste sich bereits in ersten Wetterböen winden. Es dauert nicht mehr lange, und ein furchterregendes Rauschen kommt in unserem Rücken heraufgezogen. Es wuchtet mit urtümlicher Gewalt auf die Bäume herunter und biegt ihr Gehölz gen Boden. Federnd schnellt es wieder in die Höhe, um sich erneut der beugenden Last ungestümen Gewittersturmes zu fügen. Zur Flucht in die Hütte ist es jetzt zu spät. So sitzt man denn wortlos zusammen und schaut ergeben hinunter über die Wiese, wo die wilde Natur ihr ausgelassenes Spiel treibt.

Der Himmel ist inzwischen dunkel geworden. Die sommerlich-freundliche Bläue ist einer finsteren Wolkendecke gewichen, an deren Unterseite aufgehellte Nebel-Wasserfetzen über eine vor kurzem noch wohlgefällig aussehende Welt hinwegfegen. Und dann rauscht es in dicken, massiven Strähnen herab. Es rauscht und rauscht in einem riesigen Guß. Blitze zucken auf, Donner rollen das Tal hinab, zwischen dessen Hängen sich ihr dumpfer Ton noch zu verstärken scheint. Minuten können dabei zu kleinen Ewigkeiten werden. Der vorher so friedliche Flecken Erde ist jählings zu einem Ort der Angst und des Schreckens geworden. Wir fühlen uns gar nicht wohl in unserem ärmlichen Gehäuse mit seinen undichten Stellen, die Wind und Wasser nicht abhalten können. Ach, hätte es sich doch bald ausgetobt! –

Nun, es tobte sich aus. Schnell, wie es gekommen, zieht das Wetter ab. Das dunkelnde Gewölk muß hinter uns über dem Frankenstein aufgerissen sein, denn während über unserem Bahlerts noch die Schwärze des abziehenden Regens steht, dringen erste Sonnenstrahlen zaghaft auf die Kronen der nachbarlichen Buchen und lassen die Unterseiten ihrer Blätter, die sich immer noch im Winde biegen, mit silberglänzendem Schimmer aufleuchten, der in wundersamem Gegensatz vor der Tiefe des noch schattigen hohen Waldes auf- und niederglitzert.

Der Regen beruhigt sich, ja er hat plötzlich aufgehört und ebenso der Wind, und die Stille, die uns nun umgibt, ist in ihrem Schweigen nicht weniger eindrucksvoll, als es das Brausen und Wogen war, das vor wenigen Minuten noch wie das Heer des wilden Jägers über Wiese und Wipfel tobte.

Es dürfte nicht mehr lange dauern, und die ersten Rehe würden ihre triefenden Dickungen verlassen, um ihre Decke der trockenen Luft auszusetzen. Sie kamen auch: gegenüber von uns, ein Stück weiter dann, und noch eins weiter unten in der erlengrünen Enge. Aber der Hüttenbock ist nicht dabei, so lange wir auch warten.

Und so stapfen wir in frischer Feuchte, aus der schon wieder der erste Blütenduft aufsteigt, den Weg hinauf dem Wagen zu. Die Drossellieder, die nach so unheimlicher, winddurchfurchter Nässe doppelt dankbar jubilierend aufzuflöten scheinen, sind unsres Weges liebende Begleiter. Sie werden bald verstummen, denn die ersten Schatten der Nacht ziehen das Tal hinauf. Auch das ist ein Jagdtag gewesen und ein schöner dazu.

Ein neuer wird kommen und wird mir guten Anblick bringen, denn das Bahlerts ist für seinen Wildreichtum bekannt.

In den nächsten Jahren aber sollte sich das ändern. Es war sonderbar ruhig geworden. Man war es gewöhnt, so wie es einem „wildreichen" Revier entspricht, in dieser geschützten Ecke selbst tagsüber immer wieder einmal ein Stück Rehwild zu sehen, besonders aber in den Morgen- und Abendstunden, wenn die Rehe zu beiden Seiten der Wiese vor ihren Einständen ästen. Zwei, drei Sommer kamen und gingen, und der Wiesengrund blieb seltsam leer. Ob da etwa Hunde ihr Unwesen trieben? Man hatte sich schon angewöhnt, ohne große Hoffnungen auf einen Anblick den Schallerpfad hinunterzugehen oder den Jagdhüttenpfad oder am Waldrand hinunter von oben, wo die altbewährte Martinskanzel in der ausladenden Buche hing. Man stand allein an der dicken Eiche und sah ein wenig traurig in das tote Tal. Gewiß, die altgewohnte Ruhe hatte sich um einiges betrüblich gewandelt. „Trimm-dich-Läufer", Reiter und allerlei sonstige Menschenwesen hatten diese schöne Ecke für sich entdeckt und belebten sie fleißiger, als es dem Jäger lieb sein konnte, aber so ausgestorben dürfte das Bahlerts mit einem Male doch nicht sein. Natur und Leben gehen oft ihre eigenen Wege.

In diesem Frühjahr scheint sich der traurige Eindruck vom Wald ohne Wild wieder zu wandeln. Die Zahl der Rehe hat wieder zugenommen. Die alten Bilder, sie sind wieder da, es lohnt sich wieder zu gezielter Pirsch, und man hat es wieder im Gefühl: bald wird's im Bahlerts sein, wie's ehedem war.

Ein wichtiger Abschnitt des Jahres ist der beginnende Frühling, wenn die Böcke um ihre Einstände kämpfen. Sie haben sich von den Wintersprüngen getrennt und suchen sich allein ihr zukünftiges Revier. Da werden zunächst einmal die jungen Böcke auf Trab gebracht, da werden Pirschzeichen gesetzt – man wird auf sie achten müssen – da geht manche hitzige Hetze durch den Wald. Der Hauptbock bringt die jüngeren zum Laufen. Zeigen will er, wer hier für die kommende Zeit das Sagen hat, den Spießern und Knopfbökken erst recht, sie äsen eilig und immerfort aufwerfend, unruhig und unsicher umher, und an den Waldrändern sowohl, als auch im hohen Bestand häufen sich die Plätz- und Fegestellen.

So ist es also auch heuer wieder an den Rändern des Bahlerts. Leben ist wieder eingekehrt, endlich wieder eingekehrt in das von mir so geliebte Tal. Von Holunderstämmchen hängen dünnsträhnige Borkenfetzen, die Haselnußstauden mußten leiden, und manche kleine Lärche hatte ihren Wuchs verloren. Gesehen habe ich noch keinen von den grauen Herren. Woher will ich's denn wissen, daß sie grau sind? Aber ich hab es an den Geißen gesehen, das Wild verfärbt sich spät in diesem Frühjahr. Vielleicht, daß einem durch Zufall ein rotes Schmalreh begegnete oder die junge führende Geiß mit ihren frühgesetzten Zwillingen. Ihr Hals schimmert bereits rötlich. Und so dürfte es nicht allzu lange mehr dauern, und die berühmten „roten Tupfen" würden das aufschießende Gras des Tales zusammen mit dem hauchvioletten Wiesenschaumkraut und der hier so reichlich wachsenden wilden Kamille wieder beleben. Sie würden die erfreulichen Zeichen setzen, daß alles wieder beim alten war. Dann wäre sie auch hier wieder eingezogen, die frische, herrliche Jagdzeit, mit all dem, was das Herz des Jägers unruhig macht und das ihn hinauszieht wie mit tausend unsichtbaren Seilen. Er freut sich wieder begehrend auf des Tages frühe Stunde, die noch in nächtlicher Dämmerung mit dem Zirpen aufwachender Vögel beginnt und mit dem Wummern des Freundes, des Waldkauzes, endet.

Man wird von jetzt an öfter auf den Ansitz gehen. Und sollte man sich entschließen, ins Bahlerts zu gehen, so wird man am besten die Doppelleiter besteigen, – wir hatten sie früher einmal an einer vorspringenden Waldecke an zwei Fichten angeschlagen. Von hier aus ist der größte Teil der Wiesen zu übersehen. Der Waldrand zur Rechten interessiert mich besonders, habe ich doch dort, wo sich das Birkenwäldchen den Hang herabzieht, viel frische Plätzstellen gesehen. Dort müßte sich irgendwann der Bock auch einmal zeigen, der da so verräterisch seinen Einstand markiert.

Doch vor dem Lohn muß erst die Arbeit liegen. Sie galt den Pfaden, die für unser Pirschen notwendig waren und bei deren Ausfegen alle Jagdkameraden eifrig und kameradschaftlich zu Werke gingen.

An diese Doppelleiter führt ein kurzer Stutzen vom weiter oben verlaufenden Waldweg hinab. Er ist aber so steil, daß man sich hüten muß, nicht auf kleinen Steinchen abzurutschen, und es ist ratsam, sich an den Kiefern links und rechts festzuhalten, aber dabei acht zu haben, daß deren Borken nicht knistern. Oh, es gibt viel zu bedenken für den zivilisierten Menschen, der auf ein mit gesunden Sinnen ausgestattetes Stück Wild zu Holze zieht.

Am heutigen Abend ist noch nichts zu sehen, außer einem Schmalreh. Man braucht aber keine Angst zu haben, von ihm entdeckt zu werden. Es äst friedlich am jenseitigen Waldrand vor sich hin. Solche jungen Tiere sind noch unerfahren. Deshalb ist es auch nicht so schlimm, daß die Leiter nur von der Wiesenseite her zu besteigen ist. Wenn man sich holmennah ganz langsam in die Höhe zieht und dabei über die Schulter Äsen und Aufwerfen kontrolliert, dann kommt man ganz gut oben an. Die Stimmung, die über dem Bahlerts liegt, verspricht zwei herrliche Stunden. Wohltuender Blumengeruch steigt zu mir auf, die Wärme des sonnigen Frühlingstages liegt über dem buntgewürfelten Allerlei. Allmählich spürt man, wie sich die würzige Frische des nahenden Abends in ihre Milde mischt. Über den Gipfeln des Buchberges geht ganz langsam in schräger Bahn die Sonne unter. Sie wird noch eine Zeitlang die diesseitigen Kieferstämme in ihrer ganzen Glut aufleuchten und davon einen weichen Abglanz über der Wiese spürbar werden lassen. Schade, daß der Besenginster heuer so spärlich aufblüht. Er säumte den Waldrand bis hinunter zur Hirschkanzel und wäre jetzt gewiß ein goldenes Band, das die Wiesenkanten in seiner ganzen Filigranpracht schmückte.

Wenn man wartend und so vor sich hinschauend seine Zeit auf einem Ansitz verbringt, so tauchen natürlich Erinnerungen auf. Dort drüben ist der Überlauf des Bahlertsbaches. Der war von seiner Quelle herab eine ganze Strecke in Drainageröhren gelegt worden und tritt jetzt durch einen Zementüberlauf ins Freie, um als offener Bach weiterzulaufen, zuerst als steinbewehrter Graben, in dessen Fugen geblümte Polster stecken, dann weiter unten in richtige Bachwindungen mündend, deren Ufer dichte Erlen begrenzen, wo altes Wurzelwerk seine ausgedörrten Finger schützend über blaugrüne Forellenkolke hält und wo auch hie und da ein alter Bock zur Äsung zieht, weil er sich in den verborgenen, kleinen Wiesenzungen mit Recht verhältnismäßig sicher wähnen darf.

Mit der Zeit war die Vertiefung vor dem Überlauf, wo wir unsere Eimerchen zur Wasserversorgung der Hütte zum Füllen hinstellten, zu eng geworden. Moospolster und Queckenbüschel hatten sie allmählich immer kleiner werden lassen. Also machte ich mich eines Nachmittags, als ich mich für kurze Tage wieder einmal oben am

Hang in die Hütte eingeschoben hatte, mit Hacke und Spaten ans Werk. Sommerliche Hitze brütete über der Wiese, die in der Pracht ihrer ganzen blütenreichen Üppigkeit eine Stimmung des Friedens verbreitete. Nichts war zu sehen als eine Schar übermütiger Häher, die rätschend durch die Kieferkronen hüpften. Wie sollte auch zu dieser Stunde Wild zu erwarten sein? Ich stand nun breitbeinig über dem schmalen Wassergeriesel und war dabei, hackend und stechend die vergrasten Ränder zu erweitern, den Boden unseres Abstellbekkens zu vertiefen, Steine wegzuräumen und wieder mehr Platz für unsere Eimer zu schaffen. Und als ich einmal, den Schweiß von der Stirn wischend und mich aufreckend, von meiner Arbeit aufsah, siehe, da war doch inzwischen keine hundert Meter von mir eine Geiß auf die Wiese gekommen und äste vertraut vor sich hin. Sie mochte mich, der ich in der Wiesenmitte fleißig am Werken war, für einen harmlosen Bauern gehalten haben, von dem eh nichts zu befürchten war. Ab und zu warf sie auf und äugte, sorglos vor sich hinkauend, zu mir herüber, und ich erwiderte ihre Zutraulichkeit mit einem dankbaren Lächeln. So war ein jedes von uns beiden mit seinem Tun beschäftigt. Wir waren nicht der Jäger und die Gejagte. Wir waren zwei Geschöpfe Gottes, die nebeneinander lebten. Als ich meine Arbeit beendet hatte, nahm ich mein Geschirr zusammen und zog durch das Gras meinem Hüttenwaldrand zu. Die Geiß, so konnte ich rückwärtsblickend beobachten, äugte mir ab und zu nach, dann senkte sich ihr Windfang wieder rupfend zwischen die Gräser. Ein kleines Erlebnis, das manche vielleicht für unbedeutsam halten, ich aber nicht vergessen kann.

Vor einigen Jahren pflegte dort drüben, wo die kleine Lärchendikkung einen Vorsprung macht, zwei Sechserböcke auszutreten, von denen ich lange, trotz intensiven Beobachtens und Abwägens nicht wußte, wer von ihnen der ältere sei. Beide kamen etwa zur gleichen Zeit, verhielten sich friedlich zueinander und zogen um „halbersechse" für den Sommer doch recht spät zur Äsung. Aber das mußte man eben wissen, sonst wendete man sich vielleicht eine Stunde zu früh von seinem Ansitzplatz und hätte sie nie in Anblick bekommen. Wer in einem derart stillen, abgeschirmten Wiesengrund erfahren will, was da alles vor sich geht, der muß viel Zeit daran hängen, und sei es auch nur darum, um mit sich selbst beschäftigt seinen

Gedanken nachzugehen. Dann findet er die Gewohnheiten seines Wildes heraus, Gewohnheiten, die nach einem für den Menschen manchmal geheimnisvollen Zeitbegriff verlaufen. So war es auch mit diesen beiden Böcken vom jenseitigen Waldrand. Den stärkeren von ihnen hatte ich meinem langjährigen Jagdfreund und Mitpächter Lehr zugedacht. Er hatte in letzter Zeit mit starken Böcken nicht viel Glück gehabt, eine Freude wäre es für ihn gewiß, wenn er den kapitalen, der wohl der ältere und ein echter Erntebock war, zur Strecke brächte. Ein Schirm wurde ausgebaut. Der schon beschriebene steile Pfad gekehrt. Tag und Stunde wurden ausgemacht, aber Freund Lehr wollte – aus welchen Gründen auch immer – nicht mehr. „So schießen Sie ihn doch, mich soll's nicht gereuen!" Nun also denn! In der Frühe, die ob ihres Ungestörtseins von Tageslärm und Spaziergängertum dem Abendansitz vorzuziehen war, ging's beizeiten hinaus in den Bahlertsschirm zu den Füßen der Leiter, auf der solche Erinnerungen die Minuten verkürzen.

Es war 5 Uhr. Am Rand des Birkenwaldes und weiter drunten im hohen Gras vor der Hirschkanzel wurde hie und da der Kopf einer Geiß sichtbar. Von Böcken war nichts zu sehen. Geduld! Geduld! Ich war meiner Sache ganz sicher. In einer halben Stunde würden die Böcke erscheinen, sie würden sich gemächlich mir entgegenäsen, bis der Gesuchte in den Bereich meiner Kugel käme. Ein Viertel nach fünf! Geduld! Geduld! Jetzt war es an der Zeit, dem Rand da drüben mit seinem grünen Allerlei gesammelte Aufmerksamkeit zu schenken. Halb sechs! Noch tut sich nichts. Vielleicht aber doch! Bewegte sich nicht jener Lärchenzweig ein wenig mehr, als es dem leise wehenden Morgenwind entsprach? Wurde der Haselzweig daneben nicht allzu unwirsch geschüttelt? Das Rot einer Decke tauchte drunter auf. Kein Zweifel mehr! Ein Bock war am Plätzen. Schon war sein ganzer Körper auf der Wiese, das Haupt blieb noch immer gesenkt und raufte sich mit den Sträuchern. Welcher von den beiden Böcken, die ich kannte, würde es sein? Noch immer wedelten diese Haselzweige hin und her, noch immer flog ab und zu ein Fetzen Gras in die Luft. Des Tieres Übermut suchte seinen Widerpart, und wenn es auch nur ein Stück Strauchwerk war. Da, endlich tauchte des Bockes Haupt über die Halme. Ein prüfender Blick durch das

Glas. Er war's. Warum klopft denn auf einmal das Herz so laut in der Jägerbrust? Warum ist es plötzlich so unruhig darinnen geworden, wo noch vor wenigen Augenblicken ein ruhiges, in sich selbst zufriedenes Gemüt Zwiesprache mit des Morgens Friede hielt und mit der bescheidenen Würde seiner liebenswerten Erscheinung? Wohin sind Ruhe und Selbstsicherheit verschwunden? Das Auftauchen des Bockes da drüben hat alles verändert. Der Jäger beschäftigt sich nicht mehr mit den Eindrücken der Natur, er spürt nur, wie seine Hand fester nach dem Schaft seiner Waffe greift. Nach einiger Zeit des Fegens und Plätzens löste sich der Bock vom Waldrand und zog in die Wiese. Der zweite Bock war heute nicht da; das kam mir gelegen. Ich würde keinen unliebsamen Aufpasser haben. Was ging aber dort mit der alten Gewohnheit des Bockes vor? Anstatt sich äsend der Mitte der Wiese zuzuwenden, bog er nach links aus und strebte verhältnismäßig eilig talabwärts. Auf diese Weise wäre er in wenigen Sekunden der Reichweite einer sicheren Kugel entzogen. Da mußte von Seiten des Jägers etwas geschehen. Wie soll man aber einem Bock näher kommen, wenn keine Deckung vorhanden ist.

Nun war das Wiesengras wieder recht hoch gewachsen. Es stand kurz vor seinem zweiten Schnitt. Wie wäre es, wenn man versuchte, glatt, wie ein sich duckender Fuchs, sich durch das Gras zu schieben, „ganz frech" auf den Bock zu bis etwa dorthin, wo eine leichte Hebung im Gelände zu sehen war und wo etliche Maulwurfshügel dort in der Graslücke eine gute Auflage böten zu einem guten Schuß? Also denn: vorsichtig zum Schirm hinaus, den Pfad hinauf und ein Stück weiter oben am Waldrand bis hin zu dem großen Aufwurf eines unterirdischen Wasserreservoirs. Denke, Jäger, an den Fuchs, der sich plattdrücken muß! Oh, wie ist das Gras so naß! Die Taufeuchte dringt durch die Kleidung und bringt mich zum Frieren an Brust, Leib und an den Oberschenkeln. Aber der Geruch der vielhundert Blüten und Blütchen da zwischen den Halmen, lenkt vom Frösteln und von der Ungemütlichkeit meiner Lage ab. Wenn ich im Vorwärtskriechen die Augen öffne, erschließt sich mir die Vielfalt einer kleinen Welt, wie sie der Mensch sonst gar nicht wahrnimmt. Ich rieche die süße Würze, die mit dem nahen Erdreich verwoben ist und die droben in der Luft verweht, noch ehe sie die Höhe einer Schafgarbe erreicht hat. Ich sehe das geheime Flechtwerk von dünnen Stengeln und breitblättrigem Gewächs in den weichen Kleinflächen von lindfarbenem Moos. Dürers „Rasenstück" umgibt mich tausendfach in reiner Natürlichkeit, es atmet Leben, und seine Tierwelt, die Motten, die Ameisen, und die Käfer, die sich unbeholfen und mühsam durch den Kleindschungel vorwärtsbewegen, versetzen mich wie in ein anderes Land. Aber wenn ich mich im Betrachten solcher Dinge aufhalte, die mich fesseln, weil ich sie für kleine Wunderdinge halte und zu deren hautnaher Berührung man dann erst kommt, während man einem begehrten Rehbock entgegenkriecht, dann wird dieser Rehbock doch schneller sein als ich. Sobald ich vorsichtig aufblicke und durch die Gräserspitzen nach ihm hinübersehe, bemerke ich, daß er inzwischen langsamer geworden ist und ruhig vor sich hinäst und daß die Entfernung zu ihm doch langsam abnimmt. Nur noch zu den Maulwurfhügeln da vorne muß ich hin, hinter denen die Wiese in eine sanfte Delle absinkt, dann hätte ich es geschafft.

Ich schaffte es wirklich. Der Bock wollte sich gerade in Richtung Hirschkanzel in Trott setzen. Ein Anschrecken! Ein Verhoffen. Dann sank er ohne Todesflucht, da, wo er stand, ins Gras. Ich durfte mich endlich wieder aufrichten und zu ihm hingehen, sein ausgereiftes Gehörn berühren, durfte mit tastendem Finger zufrieden über die Zahnreihe fahren und ihm am Waldrand die Totenwache halten. Bienen, Hummeln und Schmetterlinge und leider auch eine Menge Schmeißfliegen umflogen mich, dieweil ich auf trockenem Birkenaltlaub lag und mir in der Sommersonne dieses herrlichen Morgens meine Kleider trocknen ließ.

Als ich den Bock über die Wiese zurücktrug und auf meine Schleifspur kam, die sich wie eine breite, dunkle Schlange durch die Wiese wand, konnte ich einem Schmunzeln nicht wehren, in dessen Freude sich der wohlgefällige Stolz des Jägers mischte. Der würde ihn begleiten in den neuen Tag und in all die Jahre, die wir Menschen mit liebenswerten Erinnerungen auszufüllen trachten.

Leise knistert es hinter mir. Viele kurze Schritte rascheln im Laub und kommen näher. Es müssen mehrere Tiere sein. Und da sind sie auch schon: eine Geiß, bereits flammend rot, mit zwei Kitzen. Noch etwas stolpernd ziehen die Kleinen der eiligen Mutter nach.

Kaum ragen ihre Köpfchen über das Gras. Der rechte Lauscher der Geiß ist aufgeschlitzt. Es gab hier schon einmal ein Stück Rehwild, dem wir den Namen „Schlitzohr" gegeben hatten. Es wechselte oben an der Martinskanzel. Aber das war schon lange her. Und nun hatten wir also wieder ein „Schlitzohr", wahrscheinlich hervorgerufen vom Stacheldraht der Viehweidenzäune.

Es gibt so viele Vorgänge in der Welt, die uns immer wieder einmal begegnen und die wiederkehren, so sicher und bestimmt, wie der Zeiger einer Uhr die Zahlen des Zifferblattes überrundet. Dennoch sind sie uns nicht langweilig, sondern stets wieder willkommen, das Wiederkehren der Singdrosseln, der erste Kuckucksruf, die Fähe mit den sich balgenden Jungfüchsen vor dem Bau und – wie heute abend – der Anblick der ersten Kitze. Da unten zu Füßen meiner Leiter regt sich das hoffnungsvolle Leben. Ich aber lauere mit geladener Büchse auf den alten Bock. So ist es nun einmal auf unserer widerspruchsvollen Erde, und den Widerspruch, der das Handeln eines Jägers im Erhalten und Zerstören ausfüllt, wird man einem kritischen Menschen, wenn er uns diese Frage stellt, mit Worten nicht erklären können. Aus dieser Nachdenklichkeit werde ich plötzlich herausgerissen, denn drüben am Waldrand ercheint ein schlanker, grauroter Körper. Ein Spießböckchen ist's. Gleich nach ihm zieht ein Schmalreh auf die Wiese. Vielleicht hätte ich mich doch auf die Hirschkanzel setzen sollen. Es könnte ja sein, daß der Bock aus dem Rauhberg dort austräte. Wohin sollte er eigentlich sonst zur Äsung ziehen? Oben am Berg um seinen Einstand herum waren Pirschzeichen zu sehen, so viele man nur haben wollte. Die Graswege waren zerzaust, Birkensämlinge hatten ihr junges Leben lassen müssen. Himbeerzeug und Junglärchen hatten manchen Zweig verloren, der nun abgeknickt und verdorrt zu Boden hing. Aber alle Ansitze auf dem Schleudersitz in Dickungsnähe, alles Pirschen war bis jetzt umsonst geblieben. Ein guter Bekannter aus dem Dorf wollte dort eines Abends einen überstarken Bock gesehen haben, wie er, aus dem Hochwald kommend, eilends der Dickung zustrebte. Ich wußte, auf seine Angaben war Verlaß, und auch ich selber hatte im vergangenen Winter auf dem Pirschpfad, der sich dickungsnah durch die Buchenrauscher schlängelte, keine zwanzig Schritte vor mir ein Stück Wild niedergetan gesehen, grau-dunkelbraun in der Decke wie ein Hirschkalb, und auch der ganze Wildkörper erschien mir breit und feist. Nur der Kopf war mir durch einen mächtigen Findling verdeckt. Ich mochte mich recken und winden, ich bekam ihn nicht zu Gesicht. Anschrecken muß man da das Stück, damit es hoch wird und verwundert verhofft. Das gibt Zeit zum Ansprechen. Also auch hier: Anschrecken! Das Stück rührte sich nicht. Erst beim dritten Schrecken sah ich, wie es langsam einen Hinterlauf fester unter seinen Körper zog, und beim vierten Male sprang es auf, flüchtete pfeilschnell aus seinem Lager heraus und war im anschließenden Fichtenholz verschwunden. Kein Zögern, kein Umhersichern, kein Schrecken in der Flucht. Leise, ohne daß auch nur ein geringes Brechen im Bodensatz zu hören gewesen wäre, war es davon. Was ich gerade noch sehen konnte, waren zwei dicke, schon lauscherhoch geschobene Stangen – man war schließlich noch im Januar – die unter ihrem Bast viel Hoffnung versprachen. Das war ganz das Benehmen eines alten, heimlichen Wildes, des alten Bergbockes vielleicht, dessen Fegestellen seine markanten Zeichen waren. Nur ihn selbst sah ich nie. Muß ich es doch mit einem Anpirschen auf die Hirschkanzel versuchen.

Während ich noch unschlüssig darüber nachdenke, tritt drüben in der Nähe des Schmalrehes ein Sechserbock aus. Jagdbar ist er noch nicht. Man muß ihm noch einige Sommer gönnen. Aber er sollte das Spießböckchen in Ruhe lassen, das er mit altbekannter Drohgebärde bedrängt, auf das er sich immer wieder in hastigem Äsen zubewegt und das er wiederholt zu kurzen Fluchten veranlaßt. So treiben die beiden im Jagen und Verharren, in respektvoller Entfernung der Jährling, in angriffslustiger Unrast der Zukunftsbock, ihr Spiel. Mir aber vertreiben sie angenehm die Zeit.

Aber was hat er denn plötzlich, der Dreijährige? Im Stechschritt kommt er über die Wiese auf das Birkenwäldchen zu meiner Rechten zu. Da muß doch etwas sein! Erkennen kann ich nichts, denn ein mächtiger Fichtenast vom Baum, an dem die Leiter lehnt, hängt wie eine schwere, dunkelgrüne Fahne herab und verwehrt mir den Blick. Der zukunftsträchtige Bock ist wie gebannt stehengeblieben und äugt zum Waldrand hin. Er hat sich mit seinem übermütigen Stechschritt offensichtlich zuviel zugetraut, denn wie ein graubrauner Blitz kommt's aus den Birken heraus auf ihn zu und wirft ihn ins

Gras. Das hat er wohl nicht erwartet. Aber so schnell gibt er nicht auf. Gleich hat er sich wieder aufgerafft und steht gesenkten Hauptes vor dem Bock, der ihn da einfach überrannt hatte. Und nun spielt sich zu meinen Füßen ein Kampf zweier Rehböcke ab, wie ich ihn noch nie gesehen habe. Mit wollüstiger Kraft gehen sie aufeinander los, bald liegt der eine, bald der andere. Das Gras wirbelt und rauscht, Löwenzahn- und Schlüsselblumenblüten wirbeln durch die Luft. Es ist ein verbissenes Streiten, bis es dem Birkenwaldbock gelingt, mit einem ungemein kräftigen Ansturm den anderen, den vorwitzigen von da drüben, derart niederzuwerfen, daß der einmal um sich selber rollt. Kurz leuchtet seine helle Unterseite auf. Ich glaube, ein feines Knacken zu hören und denke schon erschrocken: jetzt hat er ihm das Genick gebrochen. Jedoch der junge Kämpe springt wieder auf die Läufe und gleitet mit vorgestrecktem Träger, daß es nur so in den Gräsern zischt, in sein ursprüngliches Revier zurück. Der Birkenbock rast ihm bis zum Waldrand nach, dann trollt er zufrieden wieder zurück und bleibt in der Nähe meines Sitzes stehen. Aus dem benachbarten Wald schallt's wie ärgerlich heraus, ein hoffnungsloses Aufbegehren. Der „Sieger" aber, zu dem sich inzwischen zwei Geißen gesellten, wendet einmal noch das Haupt hinüber und schreckt dem Geschlagenen zu, es klingt aber mehr wie ein verächtliches Knurren. Ich nun sehe auf ihn hinab und schraube an meinem Glas ungeduldig hin und her. Ich möchte ihn genau sehen. Der Bock ist stark im Wildpret, die Stangen sind zwar hoch, erscheinen aber doch ein wenig dünn für einen alten Bock. Sie zeigen nur die Andeutung einer Gabel. Das „Gesicht" ist mir zu „bunt". Ach nein, der „Alte" kann es nicht sein. Ich lasse ihn einziehen und will ein andermal auf ihn warten. Bei solchen Zweifeln muß man sich Zeit nehmen.

Einige Tage später sitze ich wieder auf der Leiter und habe das Bahlerts vor mir. Der Spießbock steht schon drüben und auch das Schmalreh. Sonst zeigt sich kein Wild. Das bleibt auch eine ganze Weile so. Die Haufenwolken über mir beginnen schon ihren weißen Schein zu verlieren und bekommen jenen gelblichen Glanz, der vom Sinken der Sonne herrührt. Bald wird sein Gelb zu Gold werden, wird sich ins Rosarote wandeln und endlich in die festliche Abendröte übergehen. Ihr flammendes Licht wird den Tag mit sich nehmen, und der wird trotz seiner Farbenschönheit mich mit einer gewissen Wehmut erfüllen, weil ich einen jeden Tag wie ein Geschenk Gottes empfinde, erst recht, wenn seine ganze verschwenderische Fülle an Schönheit von Farbe und Leben mich umgab. Dann kommt der Abend, und sein unendlich sanfter Frieden legt sich über das Tal. Aber auch er ist nur von kurzer Dauer und wird von hinnen gehen und wird, einem unerbittlichen Zwange folgend, die schönen Früchte einsammeln, an denen ich mich tagsüber labte, und diese Unabänderlichkeit wird nicht ohne den leisen Schmerz geschehen, der mir in jeder Freude verborgen begegnet. Denn ich weiß: keine Freude wird von Dauer sein.

So nahe ist die Nacht nun doch noch nicht, um jetzt schon aufzubrechen. Ich habe allen Anlaß, noch ein wenig hierzubleiben auf meinem hohen Sitz, auch wenn die innere Unrast sich wieder regen will. Und schon hört sie und alles Nachdenken auch plötzlich wieder auf, denn da drunten, wo das Tal eine leichte Biegung macht, sind drei Wildkörper zu sehen, von denen der eine ein Bock ist, gedrungen und noch eselsgrau. Sie müssen vorher in der Mulde gestanden haben, die sich schräg an der Hirschkanzel entlangzieht, und werden deshalb meinem Blick entgangen sein. Jetzt stehen sie schon recht weit in der Wiese an der Böschung des Baches. Das dürfte ein gutes Anpirschen geben. Eilig raffe ich meine Sachen zusammen, die ich um mich hergehängt habe, verlasse vorsichtig die Leiter, um die Rehe auf dem Pirschsteig anzugehen, den ich mir vor Jahren mit dem Schaller-Georg parallel zum Waldrand im Hang entlang geschlagen habe. In der Mitte dieses Steiges ist eine Lücke im Gebüsch, wir hatten sie mit einem Schirm versehen, von Schott kürzlich erneuert. Von dort aus müßte der Sprung gut anzusprechen sein. Zu meinem Erstaunen ist die Wiese leer, und wie ich auf dem Pirschpfad weitergehe, sehe ich drei Schatten vor mir vorbeihuschen und im dichten Zeug des Birkenwäldchens verschwinden. Der schlechte Wind, der mir vorhin im Nacken stand, wird an ihrem Abspringen schuld gewesen sein. Zurück denn wieder zur Leiter! Ich will noch ein bißchen Zeit drangeben, Büchsenlicht habe ich noch genug, denn der Wolkenglanz, dessen Widerschein ins Tal herunterfällt, kann meinen Ansitz noch ein gutes Stück verlängern. Doch es wird später und später. Ängstlich schaue ich nach den Wolken hinauf. Wer kennt nicht diese Minuten letzter Hoffnung, wenn man glaubt, mit jedem Augenblick aus dieser oder jener Lücke im Randgesträuch ein Reh erscheinen zu sehen? So ähnlich kommt es denn auch. An der gleichen Stelle wie vorhin tauchen die drei Stücke im unteren Wiesenabschnitt wieder auf. Waren es die gleichen, die mein schlechter Rückenwind zum Abspringen brachte? Waren es andere, die vom Rauhberg herabgezogen waren? Auf denn! Des Jägers Freude soll nicht seine Mühe sein. Spießbock und Schmalreh sind eingezogen, die beiden Kampfböcke sind heute nicht da, so brauche ich mich nicht allzu sehr zusammenzunehmen und kann in Eile, die jetzt wirklich not tut, die Leiter aufs neue verlassen. Nur muß ich anschließend einen großen Bogen schlagen, den Hang hinauf über die Jagdhüttenwiese, dann oberhalb der Hütte entlang, so daß der Wind weitab von mir talabwärts keine Witterung mit sich nehmen kann. Es wird ein schöner Wettlauf mit der Zeit. Die Abenddämmerung steht bereits unter den Bäumen. Aus dem Schirm hinaus kann ich aber noch gut die helle Wiese übersehen, den grauen Bock erkennen mit seinem kurzen, dicken Träger und die zwei schon durchgefärbten roten Geißen. Das Gehörn des Bockes ist schon zurückgesetzt, knuffig und stark. So kommt es mir wenigstens vor. Er steht auf dem Bachböschungsrand und bewegt sich langsam äsend auf mich zu. Ich muß warten, bis er ein wenig breiter steht, und dieses Wartenmüssen tut mir gut, haben mich doch die eilige Pirsch, hangauf, hangab, die Hast und dabei doch gebotene Vorsicht, dazu das immer stärker werdende Jagdfieber heftig mitgenommen. Der Atem geht wieder doppelt schneller, die Pulse jagen in den Hals, und die Hand will zittrig werden. Jetzt aber Ruhe, lieber Waidmann! Draußen steht ohne Mißtrauen der Bock, und du bist hier und solltest dich zu männlicher Selbstbeherrschung und Sicherheit zwingen. Ziehe erst einmal die Lederjoppe aus und lege sie über das Querholz des Schirms und setze dich so, daß du verläßlich in Anschlag gehen kannst! Der Bock da vor dir hat einen guten Schuß verdient, das bist du diesem Geschöpf schuldig, wenn du es in deiner begreiflichen Lust schon töten willst.

Mein Absehen steht ruhig auf des Bockes Blatt, und der Schuß läßt ihm nur eine kurze Flucht. Dann rutscht er die Böschung des Grabens hinab, und ich sehe ihn nicht mehr. Noch ist der Knall der „Silberbüchse" im Tal nicht ganz verhallt, so bemerke ich fünf weibliche Stücke nach allen Seiten in hohen Fluchten die Wiese verlassen. Waren also doch drei davon bis jetzt unsichtbar im hohen, zweiten Wuchs niedergetan, so daß ich sie von meiner Leiter aus, die doch wahrhaftig nicht niedrig ist, nicht wahrgenommen hatte. Ja, ja: „geheimnisvoll gleich wie am ersten Tag . . ." Es war, als habe der Schuß die ursprüngliche Stimmung des Abends zerstört. Wo ist der schallende Buchfinkenschlag geblieben, wer unterbrach das flötende Amsellied? Ein wenig will ich noch warten. Dann gehe ich langsam über die Wiese. Ich muß ein Stück abwärts suchen, bis ich den Bock finde. Ich bin dennoch zu früh an ihn herangetreten, denn ich muß zusehen, wie sich in letzten Atemzügen die Brust des Bockes hebt und senkt. Dann streckt er sich noch einmal in seiner ganzen Länge krampfend aus und ist verendet. So liegt er nun da vor mir, mit den Hinterläufen und dem Spiegel ein bißchen ins Wasser hinein und wendet mir sein Haupt zu. Sein Äser ist leicht geöffnet, als klage er aus seinem Tod heraus, da aus des Baches Rinnstein zu einem letzten stummen Vorwurf zu mir auf. Sind die Stangen nicht doch dünner, als sie mir im Glas erschienen? Ist die Stirnlocke nicht doch etwas zu dunkel im grauen Gesicht, zu dunkel für einen alten Bock? „Er ist es nicht, er ist es nicht!" So sage ich ganz verzweifelt vor mich hin, kniee nieder bei ihm, prüfe die Schneidezähne und schärfe die Wangen des Hauptes auf. Die suchende Hand findet keinen intakten Zahn mehr, fast abgeschliffen zu flachen, glatten Mulden sind die Molaren. Ein befreiendes Aufatmen, ein Aufleuchten meiner Augen – solche Vorgänge spürt man! – „Er ist es doch, er ist es doch!" So rufe ich laut über die dämmernde Wiese. Ich rufe es unbewußt, als müsse da einer kommen, der alles mit herbeigeschleppt hätte, was ich dieses Mal an der Leiter ließ, Rucksack, Überjoppe, und auch die Büchse sollte er dabei haben, die ich drüben am Fuße des Schirmes niederlegte.

In einer Bucht des Baches breche ich den Bock auf. Ich muß mich sehr beeilen, denn es ist inzwischen merklich dunkler geworden. Laßt mich schweigen von der schweren Arbeit! Der Schweiß tropft von der Stirn auf das erlegte Reh. Es dauert viel zu lange, bis ich es waidgerecht versorgt habe. Bei solchen Handlungen gehen die Minuten nur so dahin. Die Kräfte drohen fast zu versagen beim stampfenden Schritt durch die beinahe völlige Dunkelheit, langsam und voller Mühe zur Hütte hinauf. Oft muß ich in der abendlichen Schwüle stehen bleiben und Atem holen. Endlich absetzen an der Hütte! Erst einmal verschnaufen! Das Hüttenwiesenstück ist beschwerdevoll und steil. Den Bock im Rucksack ziehe ich hinter mir her. Ich bringe ihn nicht mehr auf den Rücken. Dann muß ich alles auf dem kleinen Wagenhalteplatz liegen lassen, um oben auf der hohen Straße den Wagen zu holen und dann alles zu verstauen. Aufatmend fahre ich davon.

Dieser Bruch ist redlich verdient mit anfänglicher, selbsterzwungener Geduld, mit zweimaliger, kräftefordernder Eilpirsch und anschließender, kräfteschindender Last. Aber ich bringe den alten Rauhbergbock nach Hause, den Bock, demzuliebe ich oben im Wald so manchen Morgen, Nachmittag und Abend zugange war und dem ich nun unten im Bahlerts zum letzten Mal, zum allerletzten Mal begegnet bin.

Wenn ich glaubte, die Pirschzeichen am Birkenwald und all die häufigen Wunden an den Kleinstauden würden vernarben, so sah ich mich – zu meiner Freude – getäuscht. Noch immer wurden Jungtriebe zerzaust, und wenn ich am Rand der Haselhecken das Tal hinaufging, die Büchse lässig über die Schulter geschwungen, brachte mich manche frische, vom Gras freigeschlagene Stelle zum Anhalten. Manchmal war ihr Boden sogar noch feucht, die Würzelchen an den Halmen, die da herumlagen, noch nicht durchgetrocknet. Vor kurzer Zeit mußte sich hier ein Bock ausgetobt haben. So viel Laub wirbelte kein Jährling auf, so richtete kein junger Bock die Holunderstämmchen zu. Da steckte schon ein gut Stück wilder Ausgelassenheit dahinter. Sollte es etwa der schnelle „Kämpe" sein, der vor Tagen unter meiner Leiter wie ein Brunfthirsch über seinen Gegner hergefallen war? Das mußte man herausfinden. Nun gut! Von jetzt an saß ich oft an auf den Bock, der am Hüttenpfad den Birkenwald verließ und sah ihn mit zwei Geißen in der Wiese äsen. Ab und zu war auch das „Schlitzohr" mit seinen zwei inzwischen recht starken Kitzen in der Nähe. Und immer wieder prüfte ich Gehörn und Haupt, Körperbau und Gehabe. Die lange Zeit grau gebliebene Decke hatte inzwischen einen ganz dunkelroten, fast braunen Ton angenommen. Aber die Stangen, die Stangen! Sie schienen mir einfach zu dünn für einen alten Bock und ausgesprochene Dachrosen konnte ich auch an ihm nicht finden, bis mir eines Tages unser Hüter des Waldes, der unentwegte Schott erklärte: „Des is en stan-alter Bock! Betrachte Sie sich doch emol den Vorschlag, den der hot!" Auf den Vorschlag hatte ich – das stimmte ja – überhaupt noch nicht geachtet. Ich wollte es beim nächsten Mal nachholen. Die Blattzeit war noch nicht vorbei, das mußte ich ausnutzen, denn solange mein Bock bei den beiden brunftigen Geißen vor der Doppelleiter stand, konnte ich meiner Sache, ihn anzutreffen, ziemlich sicher sein.

Und so ist denn der heutige Abend gekommen, an dem ich den Diebspfad ins Tal hinuntergehe, hinter der großen Schwarzdornhecke entlang, an der Heinbuchenkanzel vorbei bis dahin, wo der kurze, steile Pirschpfad zu Schirm und Leiter hinabführt. Da sehe ich auch schon durch die Stämme einige Stücke Rehwild auf der Wiese. Ich hätte etwas früher da sein sollen. Zwei davon stehen recht nahe am Schirm, so daß ich wohl kaum unbemerkt den Pfad hinunterkommen werde. Es sind eine Geiß und – ausgerechnet der angeblich „stan-alte Bock". Behutsam streife ich den Rucksack ab und trage ihn neben mir her, ich werde ihn, sollte ich mich zum Schluß entschließen, gut als Auflage gebrauchen können. Es ist ein beschwerliches Stück jagdlicher Anstrengung, einen Steilpfad hinunterzuschleichen, der zudem mit Reisigteilchen und trocknenden Blättern, vom letzten Sturm herabgeworfen oder von den zahlreichen, wurmstechenden Schwarzdrosseln aus dem Altlaub hochgewirbelt, übersät ist. Bis zum Leiterfuß und seiner Brennesseldeckung werde ich es nicht schaffen. Hier, am Fuß dieser starken Kiefer will ich mich niederkauern. Vorsicht vor den knirschenden Steinchen! Langsam den Rucksack aufbauen, indem ich ihn zwischen Baum und Hang einzuklemmen versuche! Ein Zweig knickt. Die Geiß wirft auf! Mit ihr der Bock! Mißtrauisch und zum Abspringen angespannt, sichern sie nach dem Wald, in dem ich wie eine Raubkatze am Fuße der Altkiefer niedergeduckt bin. Das Wild beruhigt sich und äst weiter. Nun, mein gutes Glas, tue – vielleicht heute zum letzten Mal – deine Dienste! Der Bock, im Frühjahr noch mit seinem scheinbar so typischen „bunten Gesicht", eigentlich Kennzeichen eines noch jungen Bokkes, ist jetzt im Haupt erst richtig grau durchgefärbt. Die dünnen Forkelstangen, wie schon so oft gesehen, verhältnismäßig glatt und nur oben ein wenig gegabelt. Wo sind die Dachrosen? Er hat keine. Neue Zweifel regen sich. Die Decke ist hirschbraun und macht einen struppigen Eindruck. Und da, der Vorschlag! Richtig „eckig" steht nun der Bock in seiner ganzen Breite vor mir. Es muß, entgegen meiner früheren Annahme, doch ein „stan-alter" sein. Daher seine Kühnheit damals im Kampf mit dem andern, daher jetzt sein häufiges Aufwerfen, sein langes Sichern, die Hast seines Äsens. So benimmt sich kein junger Bock. Die letzten Zweifel haben sich gelegt. Brav, gutes Glas! Langsam seinen Riemen abgestreift, er könnte ja an die Büchse schlagen, an meine verläßliche Ferlacher „Silberbüchse", mit der ich nun in Anschlag gehe. Hangaufwärts am Boden liegend und ein wenig um den Kieferstamm gekrümmt, bekomme ich den Bock gut ins Zielfernrohr. Ein Zweig knickt unter dem Ellenbogen. Die Häupter der Rehe fahren hoch. Sekunden noch, und sie werden abspringen. Inzwischen aber steht mein Zielpunkt ruhig auf dem roten Bock, und – der Schuß ist draußen. Der Bock macht aus dem Stand einen Riesensatz senkrecht in die Höhe, dann stürmt er, voran die Geiß, mit weitvorgestrecktem Träger dem jenseitigen Randgebüsch zu, dreht ab in seinen Todeskreis, wird niedriger und niedriger, langsamer und langsamer und sinkt fast wieder auf dem Anschuß zusammen. Ruhe, Ruhe, unruhig klopfendes Jägerherz!

Wenn so ein bitterer Knall die Abendstimmung zerreißt, und der Schall des Schusses talabwärts bellt, so hat man zunächts einmal das Empfinden einer undeutbaren Stille. Es ist, als hielte in dieser plötzlichen Lautlosigkeit die engbegrenzte Welt um einen wie staunend ihren Atem an. Es ist, als spüre sie den harten Zugriff in das Wesen ihres Friedens und vermöchte sich nur verhalten von dem Erschrecken vor dem Fremden freizumachen, das ihre Andacht so jählings zerbrach. Es währt aber nicht lange, dann steigen die ersten Drosselabendlieder wieder aus ihrer Verborgenheit auf, und das Erschrockensein geht, wie von einem gütigen Trost besänftigt, unmerklich in den Lauf der Stunden wieder ein.

Ich halte mich auf meinem Platz noch eine Weile auf, beruhigende Umschau haltend. Ich höre den eben genannten Drosselliedern zu und suche mich von der Erregung vergangener Minuten zu befreien. Dabei ist es mir, als käme oben auf dem Weg mein „guter, ermunternder Geist", der mich schon so oft an diese Stelle trieb, lautlosen

Schrittes auf mich zu. Wir grüßen uns herzlich. Dann gehe ich zum toten Bock hinaus. Gespanntes Aufschärfen der Äserwinkel, gespanntes Prüfen der Zahnreihe. Hubertus sei Dank! „Zehn Jahre und älter", so murmele ich zufrieden vor mich hin.

Mindestens fünfmal war er mir schußgerecht gekommen, fünfmal ließ ich ihn unbehelligt ziehen. Ich wollte nicht an sein Alter glauben, bis mir heute nun doch die struppige, dunkle Decke und endlich der ausgeprägte, eckige Hirsch-Vorschlag die letzten Zweifel nahmen.

Dort, wo der Diebspfad den Wald verläßt, ruhe ich mich ein wenig aus. Auf der anderen Seite des Weges vor mir ist der Hainbuchen-hochsitz in das Astwerk geschlagen. Von ihm aus schoß ich vor Jahren nach einem nicht minder aufregenden Anschleichen jenen kümmerlichen Sechserbock, dessen Erlegen zwar im Hinblick auf das deutlich unterentwickelte Gehörn ohne Kraft und Zukunft ein echter Hegeabschuß war. Ich hatte mich aber in seinem Alter doch verschätzt, und es bedurfte des energischen Zuspruchs vom begleitenden Schaller und von Martin, der zu uns gestoßen war, bis ich mir oben auf dem Hüttenfreisitz bei einem Steinbecher Wein nach einer Stunde endlich einen Bruch an den Hut steckte. Wie lange ist das schon her! Der gute Schaller ist tot, mancher Bock hat inzwischen ohne sein Dabeisein sein Leben gelassen. So vergehen Jahr um Jahr.

Über dem Tal rufen die jungen Käutzchen. Der frühe Mond kommt über dem Hainböhl rotgolden herauf und grüßt in seinem stummen Licht den einsamen Jäger, der hier unten im abendlichen Tal an einem Pfahl der Weidenrampe sinnend sitzt. Ist er denn einsam? Ach, es sind so viele Gedanken in ihm, andere stehen um ihn herum wie blasse stimmenlose Gefährten. Er sieht sie alle und auch Hubertus, der ihr Begleiter ist. Hat er ihm diesen Bock, den heutigen zuzuschreiben? Die Nacht kommt wieder schnell. Ach, stets kommt sie zu schnell. Allzu ungern reiße ich mich von diesem Bild des großen, runden Mondes und seines Scheines über der friedlichen Stille des Bahlerts los. Aber der Tod geht um in der Natur. Nur die Käutzchen piepsen da drüben. Ich kann sie nicht sehen, kann aber durch ihr Rufen ihren Schaukelflug erahnen, kann sie in meiner Vorstellung verfolgen, wie sie mit sanften Schwingenschlägen um den Fichtenstangenort gaukeln. Ich habe noch im Gedächtnis, daß diese

Fichten ganz kleine Pflänzchen waren. Nun sind sie schon so hoch gewachsen und zu einem richtigen Wald geworden. Wohin ist diese ganze lange Zeit verschwunden?

Nachdenklich nehme ich den Bock auf den Rücken. So lebt denn wohl für heute, ihr Käutzchen und ihr ersten Nebelschleier, du Mond und ihr alle, liebe unsichtbare Gesellen! – Woher hat der Mensch nur seine Lust im Griff nach den imaginären Gestalten, womit er seine Vorstellungen belebt?

Ich wende mich noch einmal zurück, grüßend mein geliebtes Bahlerts, das stumm und in die eingebrochene Nacht gesunken mich wiedergrüßt, dem ich, der Mann, der schon so unaufhaltsam in seine späten Jahre geht, so viel an Ernst und Heitersein und jagdlicher, jugendgebundener Glückseligkeit verdanke.